Georg Stefan Troller
Vogelzug zu anderen Planeten

Georg Stefan Troller

Vogelzug zu anderen Planeten

**Der kleine Prinz und sein Fuchs
treffen Pinocchio, Max und Moritz,
Lolita und weitere**

Nach Motiven von Antoine de Saint-Exupéry

Karl **Rauch**

Für meine Töchter
Fenn und Linda

Bibliografische Information der Deutschen Nationalbibliothek
Die Deutsche Nationalbibliothek verzeichnet diese Publikation
in der Deutschen Nationalbibliografie;
detaillierte bibliografische Daten sind im Internet
über http://dnb.d-nb.de abrufbar.

1. Auflage 2011
Karl Rauch Verlag, Düsseldorf
Printed in Germany
ISBN: 978-3-7920-0153-0

Inhalt

Vorbemerkung

Jeder liebt den Kleinen Prinzen. Kind sein und weise zugleich, Fragen vorbringen, die wir anderen längst vergessen haben, erstaunen über Verhältnisse, die uns Erdenbürgern allzu selbstverständlich geworden sind … Und dann dieses geheimnisvolle Ende durch eine Schlange – ist es die des Paradieses? Aber dass uns der Prinz nicht wirklich abhandengekommen ist, nach ihrem Biss, davon sind wir alle überzeugt.

Wie aber, wenn dieser kleine Prinz nicht mehr klein bleiben möchte, uns zu Gefallen. Wenn er herauszufinden sucht, wie es denn weitergehen könnte mit ihm, was es auf sich hat mit Menschendingen und mit der Liebe, auf diesem Erdball? Mit einem Reifendürfen zur ,großen Person', wie die Franzosen sagen? Wem soll er die entsprechenden Fragen stellen, die ihn bedrängen?

Nun, er stellt sie, dem Rat seines Freundes, des kleinen Fuchses, folgend, an die gleichaltrigen poetischen Figuren, die unsere Phantasie bevölkern, von Rotkäppchen bis hin zu Lolita, und die jetzt ihre eigenen Planeten bewohnen. Diese bereist er, begleitet von dem vorlauten Fuchs, mit seinem üblichen interplanetaren Vogelzug. Immer auf Auskunft bedacht, ob es sich lohnt, endgültig einzukehren in den Heimatstern seines eigenen Erfinders: des Piloten, Philosophen und Dichters Antoine de Saint-

Exupéry. Auch kommt ja in allen Szenen ein Äpfelchen vor, wenn auch mehr oder weniger verschlüsselt: von jeher Symbol für Begreifen, für Erkenntnis. Dass hier keiner die Lust oder die Courage verspürt, es ganz zu verschlucken, nehme man mit Humor.

Wie wird die Entscheidung des kleinen Prinzen ausfallen, nach diesen so verschiedenartigen Begegnungen? Die ihm zwar keine unmittelbaren Antworten liefern (wo gäbe es die, zu diesem Thema?), aber doch eine Vielfalt von Liebesmöglichkeiten vorführen, bald ernsthaft, dann auch wieder belustigend, und meist beides zusammen. Wird er sich danach entscheiden, auf seinem Asteroiden zu verharren, bei seinem Schaf, seiner empfindsamen Blume und den Sonnenuntergängen? Oder kommt er, was immer es bringen mag, zu uns? Darum geht es in den folgenden Szenen. Die ihr Verfasser, selbst ein Filmemacher, insgeheim als eine Ablauffolge von kurzen Filmszenarien gesehen hat, die sich am Ende zu der einzig richtigen Lösung vereinen.

Der Pilot

Asteroid B 612. Sonnenuntergang. Ein etwas angeschlagenes Raumschiff.

Der PILOT *(fummelt mit einem Schraubenschlüssel daran herum, summt dazu)*: Vor mir steht der dunkle Posten schauerlich und schildbewehrt. Und ich seh die Schattenstraße, von der keiner wiederkehrt. *(Lacht vor sich hin)* Ein Raumschiff mit dem Schraubenschlüssel angehen, das schaffst auch nur du. Immer alles vereinfachen, auf das Essentielle zurückführen. Aber ist das heutzutage überhaupt noch gefragt, das Eigentliche? Sind unsere Gehirnwindungen nicht viel zu komplex dazu geworden? *(Klopft an die Raumkapsel)* Ich habe ja nicht einmal mehr eine Ahnung, wie du richtig funktionierst, du. Mit deinen 50.000 Einzelteilen.
Der intergalaktische Sprechfunk klingelt.
PILOT *(hebt ab)*: Asteroid B 612.
FUNK: Na endlich! Sind Sie's, mon Capitaine?
PILOT: Affirmativ.
FUNK: Und das Schiff?
PILOT: Die Haut angeschrammt. Ein Haufen Solarzellen zerdeppert. Das Innere scheint mir in Ordnung.
FUNK *(spöttisch)*: Einmal Bruchpilot, immer Bruchpilot, was, Saint-Ex? Meinen Sie, dass Sie's schaf-

fen? Sie wissen, dass wir Sie da nur schwer rausholen können.

PILOT: Dann werde ich eben meinen Lebensabend hier in Ruhe verbringen, statt dieser ewigen Pressedamen, die man mir auf den Hals hetzt.

FUNK: Wenn Sie sagen ‚hier‘ – was sehen Sie da, Capitaine? Auf Ihrem Planeten oder Satelliten oder was das ist?

PILOT *(nimmt Fernglas hoch):* Viel gibt's ja nicht. Ist ziemlich mickrig, der Stern. *(Schwenkt Gegend ab)* Ein paar kleine Vulkane, einer scheint noch aktiv zu sein. Eine Blume mit vier Dornen. Ein Schaf. Ein Fuchs mit langen Ohren. Ein schöner Sonnenuntergang. Das war's dann. Halt, da hinten läuft noch so ein kleiner Kerl, der die Blume begießen kommt. Blond, wehender Schal. Komisch, erinnert mich irgendwie an jemanden, den ich mal kannte. Ist aber lange her.

FUNK: Also alles Gute, Capitaine. Und halten Sie uns auf dem Laufenden. Wir brauchen Sie noch. Sie sind der wagemutigste Pilot, den wir derzeit haben. Nur eine Bitte!

PILOT: Da bin ich neugierig, sonst sind's immer Befehle.

FUNK: Lernen Sie Englisch, Mann. Anders werden Sie nie richtig verstehen, was unsere amerikanischen Freunde Ihnen durchgeben.

PILOT: Ach was. Ohne Risiko kein Spaß. *(Hängt auf. Hebt noch mal das Fernglas)* Wann war das bloß, wann war das bloß? *(Setzt sich nachdenklich. Zieht schließlich ein Buch aus der Tasche, sucht nach der Brille, blättert, liest.)* „Être ou ne pas être, telle est la question". Wie das schon klingt! Klassisch, rhythmisch, ausgewogen. Da stecken Jahrtausende lateinischer Kultur dahinter. Wenn ich mir dagegen die englische Übersetzung vornehme: „To be or not to be". Diese barbarischen Einsilber. Dieses Abgehackte, Hingerotzte. Eine Krämersprache, nichts für mich.

Der kleine Prinz steht auf einmal da.

PILOT *(fährt herum)*: Also doch! Mein kleiner Freund! Mein ideales Selbst! Mein Unvergesslicher! Du bist aber um nichts gewachsen in all den Jahren.

PRINZ *(traurig)*: Du weißt ja ... auf diesem Planeten muss jeder bleiben, der er war.

PILOT: Ist das so schlimm? *(Prinz zuckt die Achseln.)* Weißt du, dass ich mir selber nicht sicher bin, ob ich seit der Kindheit überhaupt gelebt habe! Ich glaube, man ist von seiner Kindheit, wie man von einem Land ist. Auf immer. Nur: Die Großen vergessen es manchmal.

PRINZ: Bitte ... würdest du mir noch mal ein Schaf zeichnen?

PILOT: Aber du hast doch schon ein Schaf. Ich habe es eben mit dem Fernglas gesehen.

PRINZ: Das ist doch nicht dasselbe! Etwas Gezeichnetes, das kann keine Blumen mehr fressen. Dem hast du den Schrecken genommen. Das rettet dich. Und das verewigt dich auch. Warum hast du mich denn gezeichnet, mitsamt meinem Planeten, damals? Wenn nicht aus Angst, dass nichts von dir übrig bleibt. Dass alles verloren geht.

PILOT *(nachdenklich):* Ja, und das Gezeichnete bleibt auch so wie es war. Wahrscheinlich muss deshalb dein Planet so klein bleiben. *(Er zeichnet den kleinen Prinzen beim Mustern des Raumschiffs.)*

PRINZ *(das Raumschiff betastend)*: Nur ihr dürft wachsen. Und eure Maschinen. Fliegt das hier besser als damals dein abgestürzter Doppeldecker in der Sahara?

PILOT *(stolz)*: Hundertmal besser. Siehst du, das ist ein sogenanntes interstellares Raumschiff. Im Grunde eine Dreistufenrakete mit Düsenantrieb.

PRINZ: Und wie hoch kannst du damit fliegen?

PILOT: Natürlich sind wir erst im Versuchsstadium.

PRINZ: Auch damals wart ihr im Versuchsstadium, nicht wahr? Eigentlich immer. Die Flugtechnik blieb immer jung. Damit konntest auch du jung bleiben.

PILOT: Der Clou des Ganzen ist natürlich die Raumfähre, an deren Design ich selbst ...

PRINZ: Also wie hoch kannst du damit fliegen? Bis hin zu Gott?

PILOT: Tja, je höher man aufsteigt, desto weiter scheint Gott zurückzuweichen. Aber irgendwann werden wir ihn schon einholen. Natürlich nur, wenn man ihn dreimal anruft.

PRINZ: Warum dreimal?

PILOT: Weißt du, da hatten wir doch damals diesen Versuchsflug zwischen Buenos Aires und Montevideo. Ein ‚Raid' nannte sich das zu dieser Zeit, wenn die Strecken noch unbeflogen waren. Überraschend kommen wir in Nebel herein, und auf einmal sitzen wir auf dem Wasser. Schwerer Seegang. Wir waren drei, als Funker ein Südamerikaner, Pruneta. Und wir hatten nur zwei Schwimmwesten. Einer musste sich opfern. Und Pruneta, mit fabelhafter Bravour, der tat es. Er rief uns noch zu: „Adios, amigos! Una orazon para mi! A la buena de Dios!" Und versank.

PRINZ: Was heißt das?

PILOT: „Adieu, Kameraden. Ein Gebet für mich! Auf die Gnade Gottes!" Dreimal Gott in drei Sätzen. Und es sollte ihn nicht geben?

PRINZ: Aber warum hast du so oft Unfälle gebaut, petit Papa? Du bist doch ein fabelhafter Pilot?

PILOT: Vielleicht habe ich nicht genug ans Fliegen gedacht. Sondern an Gott. *(Lacht)* Einmal ist mir die Bordtüre herausgeflogen, weil ich vergaß, sie zu verriegeln. Einfach rausgesegelt. In Guatemala habe ich die Liter Sprit mit Gallonen verwechselt. Notlandung. Sechsfacher Schädelbruch.

Sprechfunk klingelt.

FUNK: Hallo, Saint-Ex? Wie kommen Sie voran mit Ihren Solarzellen?

PILOT: Solarzellen? Welche Solarzellen?

FUNK *(lachend)*: Haha, immer der Alte. Ciao!

PILOT *(für sich)*: Der Alte, der nicht alt sein möchte.

Schöne Bescherung. *(Er setzt wieder den Schraubenschlüssel an.)*

PRINZ *(nach einem Moment)*: Papa – darf ich dich etwas fragen? Ich möchte …

PILOT: Nein, es geht nicht darum, gefährlich zu leben. Ich habe nichts übrig für Stierkämpfer. Es ist nicht die Gefahr, die ich liebe. Ich liebe das Leben!

PRINZ: Papa, kann ich nicht …

PILOT: Ich liebe es trotz allem und allem. *(Fummelt mit dem Schraubenschlüssel. Der junge Fuchs kommt, setzt sich zum Prinzen, hebt die Pfote.)*

PRINZ: Guten Tag, mein kleiner Fuchs. *(Zum Piloten)* Der Fuchs ist nämlich mein bester Freund. Ich habe ihn unter einem Apfelbaum gefunden. Aber das weißt du ja alles.

FUCHS *(anzüglich)*: Und wer ist der Monsieur da drüben?

PRINZ: Es ist der Pilot von diesem Weltraumschiff.

FUCHS: Ist er ein Jäger? Hat er ein Gewehr?

PRINZ: Ich glaube, er hat nur einen Schraubenschlüssel.

FUCHS *(nähert sich dem Piloten)*: Da fummeln und fummeln Sie herum mit diesem Schraubenschlüssel. Und hören meinem Freund nicht zu, der etwas von Ihnen will.

PILOT: Man kann schließlich gleichzeitig arbeiten und zuhören, oder?

FUCHS: Füchse können immer nur eines auf einmal. Das ist eine gute Regel.

PILOT (*zum Prinzen*): Was ist es, das du mir sagen willst?

PRINZ (*der eine Art hat, an einer seiner blonden Locken zu ziehen, wenn er verlegen oder ratlos ist*): Papa, könnte nicht auch ich...

PILOT: Was?

PRINZ: Wachsen?

PILOT (*ironisch*): Dachte ich mir schon. Du willst ein Mann werden wie ich. Davon kann ich nur dringend abraten.

PRINZ: Dann vielleicht einer... wie ich?

PILOT: Du meinst, wie diese Millionen da unten, auf ihrem wirren Planeten? Mit ihren schiefen Ansichten, mit ihren verlogenen...

FUCHS: Verstehen Sie denn nicht, Monsieur? Ihr Prinz will etwas mehr werden, als die Inkarnation Ihrer Träume. Als die Vorstellung Ihrer eigenen, ach so unbefleckten Kindheit. Ich denke, er möchte er selber werden!

PILOT: Also schuldig! Gratuliere.

FUCHS: Wie wir alle, Monsieur. Ich fresse Hühner. Sie vertreiben Gott aus dem Himmel.

PILOT: Das... das ist eine Verleumdung!

FUCHS: Und wer hat damals aus seinem Flugzeug auf lebende Menschen geschossen?

PILOT: Das war eben Krieg. Wir mussten unsere Haut retten. Wir waren ja den Deutschen scheußlich unterlegen, mit unseren lahmarschigen Bloch. (*Angeregt*) Dazu, Kumpel, fällt mir eine Geschichte ein. Wir standen damals...

PRINZ *(abwesend)*: Bloch?

PILOT: Na ja, später haben sie sich dann stolz ‚von Angriff' genannt.

PRINZ: Auf Deutsch?

PILOT: Natürlich auf Französisch: Dassault.

PRINZ: Und was ist die Geschichte?

PILOT *(unwirsch)*: Jetzt habe ich sie vergessen.

FUCHS: Hat es etwas damit zu tun, dass Sie laut geschrien haben, während Sie Ihre MGs abfeuerten? Eine Art Triumphgeheul? Das Frohlocken des Jägers, wenn das getroffene Wild sich überkugelt?

PRINZ *(verblüfft)*: Woher willst denn du das wissen?

FUCHS: Sie haben doch damals, gegen alle Vorschrift, Ihr Maskottchen in die Maschine gepackt. Steht in einem Ihrer Bücher.

PRINZ *(zum Fuchs)*: Und das warst du?!

FUCHS: Und ich habe seinen Aufschrei gehört. Und als ich in meiner Panik zu kratzen begann, hat er versucht, mich zu erwürgen.

PILOT: Es war eben Krieg.

FUCHS: Den Sie doch auch irgendwie genossen haben, nicht wahr. Wegen der Kameradschaft. Und wegen dem Lebendigfühlen. Und wegen der Todeslust.

PILOT: Wie alle Männer von Anbeginn. Ich bin auch einer.

PRINZ: Vielleicht hättest du mehr auf die Blume hören sollen. Sie war bestimmt gegen diese ganze Kriegsprotzerei.

PILOT: Kann sein. Aber Blumen wollen ihre Bewunderer immer zähmen. Und dann verachten sie das Gezähmte ein bisschen.

PRINZ: Ich verachte meinen Fuchs nicht!

PILOT: Aber du liebst nur das an ihm, was nicht gezähmt ist, oder? Bis hin zu seiner... na, sagen wir: Direktheit.

PRINZ: Weißt du, was die Blume mich täglich fragt: Hast du sie trotz oder wegen ihrer Dornen geliebt?

Man hört es donnern.

PILOT: Ich wusste nicht, dass es auf deinem kleinen Planeten auch Gewitter gibt.

PRINZ: Das ist kein Gewitter. Das ist mein lebender Vulkan, der einen seiner nervösen Ausbrüche hat.

PILOT *(blickt mit dem Fernglas hin)*: Tatsächlich. Und es scheint mir, dass deine kleine Blume gar nicht glücklich ist darüber.

PRINZ: Sie ist eine sehr empfindsame Dame. Willst du sie nicht aufsuchen?

PILOT *(verlegen)*: Ich glaube, man sollte alte Beziehungen auf sich beruhen lassen. Aber du sprichst immer von einer Blume. Hast du ihr denn keinen Namen gegeben?

PRINZ: Namen geben heißt doch besitzen wollen, nicht wahr. Und wer darf einen anderen besitzen?

PILOT *(verlegen)*: Früher einmal nannte sie sich die Trösterin auf Spanisch: Consuelo...

PRINZ: Ich glaube ich werde jetzt zu ihr gehen. *(Zum Fuchs)* Kommst du mit? *(Ab.)*

FUCHS: Nein, ich habe mit diesem Herrn noch ein Hühnchen zu rupfen... ich meine, bildlich.

PILOT: Du bist immerhin meine Kreatur. Ich habe dich als Erster gezeichnet.

FUCHS: Und zwar mit extra langen Ohren. Ich nehme an, Sie wollten damit andeuten, dass ich mehr höre als andere?

PILOT: Und was ist es, das du da hörst?

FUCHS: Können Sie das nicht nachvollziehen? Ihr kleiner Prinz möchte etwas von der Liebe erfahren, das ist es. Nicht die zu braven Sonnenuntergänge. Und auch nicht die gegenseitige Zähmung, wie zu Ihnen oder zu mir. Sondern die andere. Die mit der Sehnsucht. Und dem Begehren. Und der Reue. Ja, und der tödlichen Schuld! Und dem einander auffressen, verflucht noch mal!

PILOT: Dazu habe ich ihn geschaffen?

FUCHS: Ja, dazu. Nur haben Sie sich dann davor gedrückt. Und ihn zu seinem Asteroiden zurückkehren lassen, per Vogelzug, nicht wahr. Vielleicht weil bei Ihnen das Fliegen auch immer so eine Art Flucht war.

PILOT: Eine Flucht? Wieso?

FUCHS: Vor der Erdenschwere. Und vor den irdischen Bindungen. Oder habe ich da etwas falsch gehört, mit meinen langen Ohren?

PILOT *(nach einer Pause)*: Vielleicht sollte ich mich doch wieder meiner Raumkapsel widmen. *(Er greift von neuem zum Schraubenschlüssel.)*

FUCHS *(zynisch)*: Ja, tun Sie das, tun Sie das.

PILOT: Was würdest du denn unternehmen, an meiner Stelle?

FUCHS: Ihn entscheiden lassen, was jetzt für ihn das Richtige ist.

PILOT: Ich glaube, er würde am liebsten mit mir zurück auf die Erde.

FUCHS: Irdische Menschen interviewen? Keine berühmte Idee. Wer kann schon über seine Gefühle wahrheitsgemäß Auskunft geben? Die meisten Leute glauben doch, dass sie dieselben Dinge erleben wie im Kino. *(Nachdenklich)* Höchstens die Dichter könnten es vielleicht.

PILOT *(lacht)*: Die Herren und Damen Autoren? Gottbehüte! Das sind doch die allergrößten Lügner, wenn es um ihr eigenes Leben geht. Die schreiben Romane über sich.

FUCHS: Monsieur, ich habe eine Idee. Nicht die Autoren, aber ihre fiktiven Figuren! Die erfundenen Figuren, die unsere Fantasie bevölkern. Die sagen, glaube ich, die Wahrheiten, die ihre Erfinder schamhaft verschweigen oder verstümmeln. Natürlich nicht die erwachsenen, sondern die jungen. Die an der Schwelle. Die auf der Kippe. Die, bei denen alle Möglichkeiten noch offen sind. Denen müsste er seine Fragen stellen.

PRINZ *(zurückkommend)*: Nun ist sie wieder beruhigt, deine Blume. Und jetzt hat auch der Vulkan aufgehört zu spucken. *(Lacht)* Ich glaube, er wollte nur auf sich aufmerksam machen.

PILOT: Wie ich dein Lachen immer geliebt habe, mein kleiner Sohn. Und jetzt überlegst du also, mich zu verlassen?

PRINZ: Das hast du eben so in mir angelegt... Ist denn der Beruf, Mann zu sein, schwer zu erlernen?

PILOT: Sehr schwer. Man bringt dir den Filmberuf bei. Oder das Fliegen, und die Weltraumfahrt. Der Beruf, Mann zu sein, kümmert die Gesellschaft wenig. Dabei ist es der, den wir am ernsthaftesten studieren sollten.

PRINZ: Hast du ihn dann von dir aus gelernt?

PILOT *(grinst)*: Ich sehe, du beginnst deine Fragen schon bei mir. Aber die Antwort ist: noch nicht. Nur bin ich immer bereit, weiter zu lernen. Weiter zu erfahren. Und ich glaube sogar, diese Bereitschaft macht das ganze Glück des Menschen aus.

PRINZ: Also muss man lebenslang zur Schule gehen?

PILOT: So ist es. Nur lässt sich im Grunde nichts lernen, das man nicht von Anfang an geahnt hat, mein kleiner Prinz. Wenigstens im Ansatz, in seinen Vorstellungen. Deswegen ist auch der Weltraum so leer, für den, der ihn nicht schon längst mit seinen Träumen gefüllt hat. Und jetzt geh. Geh mit deinem Vogelzug. Erkundige dich, ob du bereit bist für diese Erde. Und sie für dich.

PRINZ: Aber du wartest auf mich, bis ich wiederkomme, ja?

PILOT: Falls du zurückkommen willst. Inzwischen wird es mir ein Leichtes sein, an diesem Raumschiff noch ewig herumzubasteln, von dem ich nichts verstehe. Aber ich werde mich nach dir sehnen, die ganze Zeit, mein kleiner Sohn. Und auch nach Ihnen, Herr Fuchs.

PRINZ *(verlegen)*: Aber solltest du nicht auch ...

PILOT: Was? Was sollte ich?

PRINZ: Weißt du, in deinem Buch, da sagst du so etwas wie: „Man darf nie auf Blumen hören. Man soll sie bloß ansehen und an ihnen riechen." Bisschen altmodisch, meinst du nicht auch? Ein bisschen beleidigend sogar. Also wenn ich du wäre ...

PILOT: Habe ich das wirklich geschrieben? Und dabei kann ich mich noch nicht einmal auf jugendliche Unverfrorenheit herausreden. Also du meinst, ich sollte sie besuchen gehen. Mich entschuldigen sozusagen?

PRINZ: Und auch sonst. Sie ist nämlich noch immer sehr schön, weißt du das?

PILOT: Ja, das war sie immer. Und lebendig. Und, nun ja, eben wie Poesie.

PRINZ: Und nun muss ich fort. Und du vergisst mich nicht, ja. *(Wendet sich zurück)* Aber sind die denn alle auf dem gleichen Planeten?

PILOT: Wer, mein kleiner Freund?

PRINZ: Diese erfundenen Figuren, von denen unser Fuchs gesprochen hat?

PILOT: Woher weißt du denn das? Du warst doch eben nicht dabei?

PRINZ: Du vergisst, wie klein mein Planet ist. So klein wie ein Haus. Auch die Blume merkt jetzt, dass du da bist. Und wie ist das also mit den jugendlichen Figuren?

PILOT: Die? So wie ich sie kenne, haben sie sich alle

auf möglichst entfernte Sterne verteilt. *(Lacht)* Die würden sich ja sonst zu Tode kabbeln.

PRINZ: Also ich gehe jetzt, mon Papa. Und auf Wiedersehen, Schaf und Blume!

FUCHS: Ich begleite dich noch.

PRINZ *(zu ihm)*: Wo finde ich nur die richtigen Planeten?

FUCHS *(angeberisch)*: Kein Problem. Asteroid B 350 und folgende. Ich weiß Bescheid. Ich bin ja selbst eine erfundene Figur. *(Ab.)*

Ein Zug Vögel fliegt vorüber.

PRINZ *(ihnen zuwinkend)*: Vogelzug! Vogelzug! *(Läuft aus dem Bild.)*

PILOT *(singt leise sein Lieblingslied)*: Vor mir steht der dunkle Posten schauerlich und schildbewehrt. Und ich seh die Schattenstraße, von der keiner wiederkehrt. *(Er gibt sich einen Ruck, geht.)*

Dann eine andere Stelle des Planeten. Die Blume putzt sich. Der Pilot kommt zögernd.

BLUME: Da kommt er. Jünger ist er auch nicht geworden. Und die Glatze, o je. Aber wie schaue denn ich aus, nach all den Jahren? *(Besieht sich in einem Tautropfen)* Nun ja, altern können wir ja nicht. Aber da, am Blütenhals, da beginnt man doch ein bisschen zu welken. Na, solang nur die Farbe sich hält! *(Laut)* Guten Tag, euer Edlen. Wie geht's, Herr Kapitän?

PILOT: Es gab eine Zeit, da haben Sie mich Tonio genannt.

BLUME *(spöttisch)*: Ja, und einer, der immer abends überraschend eintraf, so wie jetzt. Dann: „Ich brauche Sie. Ich liebe Sie." Und früh am nächsten Morgen: „Tut mir leid, ich habe einen Testflug nach Timbuktu". Und adieu.

PILOT: Manchmal blieb ich auch länger!

BLUME: Richtig, und dann gab es zur Belohnung diese roten Schmierflecken auf dem Taschentuch. „Ach was, das sind bloß meine literarischen Verehrerinnen", sagten Sie. „Nur Sittiche und Durchgangsbahnhöfe." Nicht eben ein Kompliment für unsereinen. *(Spreizt ihre Dornen.)*

PILOT: Eigentlich bin ich gekommen, um mich zu entschuldigen.

BLUME *(weich)*: Wirklich? Das ist schön von Ihnen. Ach, wissen Sie noch, wie Sie damals gesagt haben: „Du bist in mir wie die Wurzel in der Erde", oder so ähnlich. Ich glaube, es waren Ihre letzten Worte zu mir, bevor Sie... bevor du... *(Sie schnäuzt sich mit einem Blatt.)*

PILOT *(sanft)*: Ach, du... Consuelo...

BLUME: Und einmal: Ich, ich liebe es, wenn man mich liebt. Ich mag nichts nehmen. Man soll es mir schenken wie die Mutter ihrem Kind. Ja, so warst du. Wer kann dem widerstehen? Schon gar nicht eine gefühlvolle Blume wie ich. Und dann deine schönen dunkelblonden Locken!

PILOT *(fährt sich über den Schädel)*: Geträumt.

BLUME: Damals war ich eine Rose. *(Seufzt)* Blumen verändern ihren Charakter, weißt du das?

PILOT *(nickt trübe)*.

Der intergalaktische Sprechfunk klingelt, der Pilot lässt es klingeln.

BLUME: Du antwortest nicht?

PILOT: Mir scheint, ich habe im Moment nichts zu sagen.

BLUME *(herb)*: Zu unserer Zeit hast du jeden Anruf beantwortet. Auch mitten in der Nacht. Vor allem die mit den Einsätzen. Als könntest du es gar nicht erwarten, deine Haut zu riskieren, nur um nicht mehr zärtlich sein zu müssen.

PILOT *(hebt ruckartig ab)*: Hier Saint-Ex.

FUNK: Hallo, mon Capitaine. Wir haben da ein eigentümliches Bild. So ein kleiner Knirps, der unterwegs ist mit einem Vogelzug, von Ihrem Planeten zu B 350. Er hält einen Teddybär im Arm. Nein, einen Fuchs. Sind Sie informiert?

PILOT: Ist das der Stern mit den erfundenen Figuren?

FUNK: Affirmativ. Jedenfalls der mit den alten Märchen. Was daran erfunden ist, wissen wir nicht.

PILOT: Lassen Sie's gut sein. Kennen Sie die Geschichte von Adam und Eva und dem Apfel?

FUNK: So halbwegs. Warum?

PILOT: Weil der Mensch auf dem Wahrheitstrip ist seit Adam und Eva und dem Apfel. Immer mehr Wahrheit, und wenn er dabei draufgeht. Haben Sie mich kapiert?

FUNK: Negativ, mon Capitaine. Trotzdem alles Gute, auch für den Kleinen. Hat er übrigens einen Namen? Wir müssen die Sache ja unter irgendwas eintragen.

PILOT: Tragen Sie es ein unter... tragen Sie es ein unter: ‚Vogelzug zu anderen Planeten'. *(Der Pilot hängt nachdenklich auf. Die Blume betrachtet ihn Anteil nehmend.)*

BLUME: Ach, Tonio...

ZWEITE SZENE

Rotkäppchen und Schneewittchen

*Ein Wald. An einer Wegkreuzung der kleine Prinz und
sein Fuchs. Der Gestiefelte Kater tritt hervor.*

KATER:
Miau, ihr Herrn aus fernen Sternen,
tretet näher, um zu lernen,
was ein Typ mit meinen Tapfen
hat an Einsicht zu verzapfen:
Wachsen heißt, sich zu entscheiden
welche Leiden in den Freuden
man bereit ist, mitzunehmen,
sich der Mischung zu bequemen.
Ich zum Beispiel kriege Sahne
nur wenn ich es dringend mahne.
Köpfchen geben, schnurren, schmeicheln
sind der Preis für jedes Streicheln.
(Nur zum Spaß zieh ich die Stiebel
manchmal an und sinn auf Übel.)
So hat jedes seine Wahl,
immer scheint es nur ein Schrittchen
– fragt Rotkäppchen und Schneewittchen –
doch was folgt ist meist final!
Bleibt der Weisheit letzter Schluss:
dass man *gern* tut, was man muss.
Aber jetzt, ihr Herrn, miau,
weil ich mich nicht weiter trau!

Ein Knusperhäuschen im Wald.

ROTKÄPPCHEN *(vor einem Spiegel)*: Spieglein, Spieglein an der Wand, wer ist die Schönste im ganzen Land?

SPIEGEL: Ihr, Rotkäppchen, seid die Schönste hier. Aber Schneewittchen hinter den sieben Bergen, bei den sieben Zwergen, ist noch tausendmal schöner als Ihr.

ROTKÄPPCHEN: Dafür kann die auch auf ihren Prinzen warten, bis sie auswächst. Aber wer kommt da gegangen?

Der Gestiefelte Kater kommt, führt den Prinzen und den Fuchs zum Eingang

KATER: So, weiter keinen Schritt. Ist mir zu gefährlich.

FUCHS *(spöttisch)*: Rotkäppchen ist Ihnen zu gefährlich?

KATER: Sie werden ja sehen. Wenn ich um ein kleines Zubrot bitten darf?

FUCHS: Wie meinen?

KATER: Einen Wegpfennig! Ein Trinkgeld!

FUCHS *(fängt ihm ein Mäuschen)*: Haben Sie einen netten Tag!

KATER *(mit Betonung)*: Gute Verrichtung. Und viel Glück! *(Eilig ab.)*

WOLF *(kommt mit Beute im Maul)*: Grrr!

FUCHS *(dem alle Haare zu Berge stehen)*: Mir stehen alle Haare zu Berge!

ROTKÄPPCHEN *(tritt heraus)*: Wolf, kusch! Er hat nämlich echt was gegen Füchse.

28

FUCHS: Ich bin aber ein gezähmter Fuchs. Und das hier ist der kleine Prinz, der mich gezähmt hat.

PRINZ: Und er mich.

ROTKÄPPCHEN: Ich bin ja irgendwie nicht überzeugt, ob ich auf zahme Tiere stehe.

WOLF: Grrr!

ROTKÄPPCHEN: Aber den Wolf da hab ich mir dicke gezähmt. Soweit das eben nötig war. Oder wünschenswert.

PRINZ: Auf unserem Planeten gibt es ein Schaf und eine Blume. Die lieben sich nicht. Aber sie respektieren einander.

ROTKÄPPCHEN: Dann geht das ja in Ordnung. Und ihr dürft euch jetzt die Flossen reichen.

Wolf und Fuchs berühren sich vorsichtig mit den Vorderpfoten.

ROTKÄPPCHEN: Und nun könnt ihr alle hereinkommen. Nicht wahr, Wolf?

WOLF: Grrr!

ROTKÄPPCHEN: Ich glaube, er möchte lieber sein Essen im Freien verzehren. Er ist eben jemand, der auf Sauberkeit hält.

FUCHS *(bekommt einen Lachkrampf)*: Ein Wolf? Ein Wolf ist jemand, der auf Sauberkeit hält? *(Klemmt sich eilig die Schnauze zu.)*

PRINZ: Darf ich dir eine Frage stellen, Rotkäppchen?

ROTKÄPPCHEN: Ja, solang es keine Frechheiten sind. *(Wirft dem Fuchs einen vernichtenden Blick zu.)*

PRINZ: Ich muss eben nur bestimmte Dinge herausfinden. Du sagst, du hast dir den Wolf gezähmt, soweit das wünschenswert war?

ROTKÄPPCHEN: Na ja, damit er mich nicht auffrisst.

PRINZ: War das alles?

ROTKÄPPCHEN: Was soll denn sonst gewesen sein?

PRINZ: Zähmen heißt doch ... Bindungen schaffen?

ROTKÄPPCHEN: Ja, und?

PRINZ *(mit Überwindung, es ist schließlich seine erste intime Frage)*: Ihr lebt doch jetzt zusammen, ihr beiden?

ROTKÄPPCHEN: Ja, in etwa. Seit knapp einem Jahr.

PRINZ: Aber so ein Wolf, ist das nicht ein reißendes Tier?

ROTKÄPPCHEN: Schon. Aber haben Sie die schönen langen Beine gesehen. Und das glänzende Fell? Und diesen Ausdruck, als ob er einen gleich auffressen möchte?

FUCHS *(unterdrückt)*: Eben.

ROTKÄPPCHEN: Ich meine vor Liebe. Vor lauter Liebe!

PRINZ: Aber Wölfe sind doch lebensgefährlich?

ROTKÄPPCHEN: Sone Frage find ich echt bescheuert. Nur gefährdete Leben sind nie langweilig, oder ticken Sie das nicht?

FUCHS *(diplomatisch)*: Darf man fragen: Wie ist es denn zu diesem ... diesem Zusammensein gekommen?

ROTKÄPPCHEN: Ganz einfach. Er hat eben gesagt: Du törnst mich an. Oder in der Art. Natürlich nicht sofort.

PRINZ: In der Wolfssprache?

ROTKÄPPCHEN: Klar, so einen Satz kapiert man in jeder Sprache.

PRINZ: Sag mal, du bist doch eigentlich minderjährig? So wie ich.

ROTKÄPPCHEN: Was hat denn das damit zu tun?

PRINZ: Und hast vorher allein mit deiner lieben Mutter ganz zufrieden hinten im Wald gelebt?

ROTKÄPPCHEN: Stimmt. Üah, das war aber echt öde, Mann. Nie irgendwas los. Na, habe ich sie eben belämmert, bis sie mich endlich mit einem Korb voll Süßes zur Oma schickt. War ja auch ihr Geburtstag, nicht. Und mitten im tiefsten Wald, da steht er mirnichtsdirnichts vor mir, der Wolf. Tut ganz unmanierlich, von wegen Auffressen und so. Hat mir aber doch irgendwie imponiert, der Macker.

PRINZ: Weil er so wild war?

ROTKÄPPCHEN: Na ja, Charme hat er ja auch, da geb ich was drauf. Hat mir auch gleich eine Wette angetragen: Nämlich wer zuerst zum Haus von der Oma kommt. Er rechtsrum und ich linksrum. Sind wir also losgetürmt. Natürlich war er als Erster da, der kennt ja jeden Weg und Steg im Wald. Tocktock! – Wer ist da? – Ich, dein Rotkäppchen! - Hat die Oma ihm natürlich aufgemacht, und den Rest können Sie sich denken. Weg war sie, er hatte ja seit Tagen nichts mehr im Magen.

PRINZ: Hat dich das nicht beunruhigt?

ROTKÄPPCHEN: Schon. Aber er besitzt eben auch diesen ausgeflippten Humor. Wie ich hineingehe, da liegt er, ihre weiße Nachthaube tief übern Kopf, in ihrem Bett. Komm dich ausruhen, Rotkäppchen, sagt er mit verstellter Stimme. Bin ich eben reingekrochen. Erst dann hab ich geschnallt, was los war. Bin ich erschrocken! Liegt so ein Kerl neben mir im Bett. War ja das erste Mal in meinem Leben.

FUCHS *(unterdrückt)*: Kann man sich kaum vorstellen.

ROTKÄPPCHEN *(scharf)*: Meinen Sie, ich leg mich mit jedem ins Bett? Ja, und dann ist es halt passiert. Ich meine, das mit dem Jäger.

PRINZ: Wo kommt denn der auf einmal her?

ROTKÄPPCHEN: Na ja, der hatte ja doch immer ein Auge auf mich gehabt.

FUCHS: Gehabt? Oder geworfen?

ROTKÄPPCHEN: Beides, wenn Sie's so genau wissen wollen. Die Mutti war eben auch dafür. Ich mein, mit dem Jäger. Da hast du immer dein Auskommen, sagt sie. Aber ich, ich hab doch weniger ans Auskommen gedacht als an Rauskommen, nicht? Also was soll mir der Jäger, wie er sich da reinschleicht und will mir meinen Wolf totmachen, wär ja gelacht. Hab ich ihn eben hochkant zum Fenster wieder hinaus. Ich meine, was geht den mein Wolf an! Sicher, da war die arme Oma, das war irgendwie nicht gut. Aber die Oma war alt, und wir waren jung, nicht wahr. Generation 3.0 sozusagen. Und da hat er eben zu mir gesagt, dass er voll auf mich abfährt. Wann hat das schon jemand zu mir gesagt, bitteschön. Höchstens: Du bist süss mit deinem roten Käppchen, oder so. Das hatte ich dann auch schon gestrichen voll. *(Zum Wolf)* Nun sag du auch mal was.

WOLF: Mhm!

ROTKÄPPCHEN: Maulfaul ist er, dass muss man ihm lassen. Außer wenn's ans Fressen geht. Oder ans… na ihr wisst schon. Da lässt er mich aber hören was Sache ist, stimmt's, du?

WOLF *(heul.)*

ROTKÄPPCHEN: Hat aber auch andere Vorteile, das Ganze, nicht wahr. Weil: ich rede, er hört zu. Hier führe ich das große Wort. Sagen wir, das einzige. Was, du? Außerdem fühlt man sich ja auch ganz schön geschützt im Hause. Wer beschützt einen sonst schon?

FUCHS *(sich aufplusternd)*: Unsereins ist auch nicht von Pappe!

ROTKÄPPCHEN: Also wenn ihr keine weiteren Fragen habt…

PRINZ: Ja, es geht darum: Hast du dir dein Leben nicht doch anders gedacht, damals, als Kind? Als kleines Rotkäppchen?

ROTKÄPPCHEN: Muss ich zugeben. Aber was soll's. Gerade die großen Entscheidungen, die trifft man ja doch nicht aus dem Denken raus. Sondern da ist irgendein Glitzern im Auge von jemand, oder vielleicht fliegt auch nur gerade ein schöner Vogel irgendwo vorüber, und man denkt sich: Den Kerl könnte ich lieben. Die Vernunft rät: zuwarten. Aber das Herz oder was immer das ist, sagt: jetzt! Und würde es das nicht sagen, so wäre man vielleicht lebenslang todunglücklich. So ist's man nur später. Oder vielleicht auch nie, wer weiß das? Aber die Erfahrung, die möchtest du doch nicht missen, nicht wahr. Dass du so was hergibst nämlich! Und dass der andere es auch zu schätzen weiß. 'Ne Versorgung ist das natürlich nicht. Und der Egoismus von diesem Typen, Mann, das zieht einem schon manchmal die Schuhe aus. Aber vielleicht denkt er dasselbe von mir, der Wolf, nur kann er's ja nicht aussprechen. Also im Moment läuft alles super, wenn Sie das meinen. Und wissen Sie was? Ich glaub, das ist das Entscheidende beim Großwerden: dass man lernt, im Moment zu leben. Weil das Kind, das lebt ja doch immer in Bezug auf seine Zukunft. Aber nun sagen Sie mal selber was.

PRINZ: Und jetzt, wo du größer bist, lebst du nicht in Bezug auf die Zukunft? Kann man das überhaupt?

ROTKÄPPCHEN: Na ja, es wird wohl darauf hinauslaufen, dass man einmal 'nen Job haben wird, und heiraten und Familie gründen und so Zeugs. Aber wenn Sie klug sind, und so schlau bin ich längst, dann werden Sie diesem Mann nie, nie etwas von vorher erzählen, ich meine von dem Wolf. Nur tief drinnen werden Sie immer wissen: Einmal, einmal hat's einer für dich gebracht, und du hast es auch gebracht, das kann dir keiner mehr nehmen bis ans Ende deiner Tage. *(Eine Pause.)*

PRINZ: Also man kann jemand treu sein und gleichzeitig denken, dass er der Vergangenheit angehört?

ROTKÄPPCHEN: Na, einstweilen halten wir ja zusammen wie Pech und Schwefel, auch wenn manche Leute das vielleicht eher negativ beurteilen würden. Aber wenn ihr Milch und Honig sucht, also das sogenannte Positive: da kann ich euch nur meine Freundin nebenan empfehlen, na, Freundin ist vielleicht zu viel gesagt. Also das Schneewittchen, das meine ich, mit ihrem Prinzenfimmel.

FUCHS: Ihrem was?

ROTKÄPPCHEN: Halt der ewigen Warterei auf ihren Prinzen in der goldenen Rüstung. Aber da gibt's leider auch dieses Miststück von einer bösen Fee. So Kleinmädchenträume eben. Ihr könnt sie ja mal befragen. Ist gar nicht weit von hier.

WOLF: Grrr!

PRINZ: Was will er denn jetzt wieder?

ROTKÄPPCHEN: Sein Wortschatz ist eben total beschränkt. Ich glaube, er will sagen, dass er dem Schneewittchen je eher je lieber an den Leib möchte.

PRINZ: Du meinst in … in körperlicher Hinsicht?

ROTKÄPPCHEN *(lacht)*: Ich meine, in kulinarischer Hinsicht. Deswegen müsst ihr mich jetzt auch bitte entschuldigen. Es war mir ein Vergnügen, aber das Essen muss rechtzeitig auf den Tisch, sonst setzt's was. Und noch schönen Gruss an Schneewittchen. *(Lässt sie hinaus.)*

FUCHS *(im Abgehen)*: Ich glaube, ich habe kein Wort verstanden.

PRINZ: Ja, du legst auch weiter keinen Wert auf Neuanfang wie ich. Auch weil der Pilot es jetzt wahrscheinlich von mir erwartet.

FUCHS: Da bin ich nicht so sicher. Ich kann mir vorstellen, er mag dich lieber so, wie er dich gezeichnet hat.

PRINZ: Vielleicht will er aber ein neues Buch schreiben: Der kleine Prinz wird groß, oder etwas dergleichen. Autoren sind so.

Sie gehen weiter.

Im Wald. Dann ein Zwergenhaus.

FUCHS: Dort hinten in der Lichtung sehe ich ein verstecktes Haus.

PRINZ: Mir scheint, es ist ein sehr kleines Haus, mit sieben winzigen Türen darin. Wie für Zwerge. Ob es das ist?

BÖSE FEE *(verkleidet als altes Weib mit Apfelkorb, nähert sich dem Eingang)*: Schneewittchen, Schneewittchen, komm heraus aus deinem Haus!

SCHNEEWITTCHEN: Eigentlich darf ich gar nicht. Meine sieben Zwerge, denen ich den Haushalt führe, haben es mir streng verboten.

FEE: Aber ich habe ein Äpfelchen für dich. Ein schönes rundes Äpfelchen.

SCHNEEWITTCHEN: Ich darf auch keine Geschenke annehmen.

FEE: Ein Äpfelchen ist kein Geschenk. Es ist eine Gottesgabe. *(Fängt sich)* Äh, ich meine eine Naturgabe. *(Hält ihr den Apfel hin)* Zum Essen wie geschaffen von der Natur.

SCHNEEWITTCHEN: Aber ich habe Angst vor Leuten, die sich dauernd auf die Natur berufen.

FEE *(larmoyant)*: Ach, ich weiß, ich bin so alt und hässlich, dass mich jeder für eine böse Hexe hält. Die Kinder im Dorf werfen mit Kieseln auf mich. *(Wischt sich die Augen.)*

SCHNEEWITTCHEN *(mitleidig)*: Weine nicht mehr und gib mir deinen Apfel.

FEE: Es ist ein sogenannter Liebesapfel. Beiß nur tüchtig hinein, dann wirst du wissen, was es mit der Liebe auf sich hat.

SCHNEEWITTCHEN *(den Apfel betrachtend)*: Dass sie ewig ist, nicht wahr?

FEE: Ja. Und auch ewig wie der Hass.

SCHNEEWITTCHEN: Vom Hass will ich aber nichts wissen.

FEE: Warum? Er ist nichts anderes, als die Kehrseite der Liebe. Wer nicht lieben kann, muss hassen. Zur Not sich selber. Und nun tu mir den Gefallen und beiß in den Apfel.

SCHNEEWITTCHEN: Wenn er aber sauer ist?

FEE: Im Leben muss man manchmal auch in den sauren Apfel beißen, um etwas zu erfahren.

SCHNEEWITTCHEN *führt den Apfel zum Mund.*

FUCHS *(schreit auf)*: Tu's nicht!

SCHNEEWITTCHEN: Wer hat da geschrien?

FEE: Irgendein Käuzchen wahrscheinlich. Tuwit, tu-wit … es hat nichts zu bedeuten.

FUCHS *(vortretend)*: Nein, ich bin es. Der Fuchs. Und das ist mein Freund, der kleine Prinz.

SCHNEEWITTCHEN: Ein Prinz? Vielleicht ist es mein vorbestimmter Prinz, auf den ich warte.

FEE *(spöttisch)*: Dazu ist er denn doch ein bisschen zu klein. Und eine goldene Rüstung trägt er auch nicht.

SCHNEEWITTCHEN: Ein kleiner Prinz ist immer noch besser als gar keiner. Bestimmt kannst du mir raten. Soll ich nun den Apfel annehmen?

Der Gestiefelte Kater tritt vor.

KATER: Ich glaube, Schneewittchen, das musst du selbst entscheiden. Entweder du verbringst den Rest deines Lebens in Ruhe und Sicherheit bei deinen lieben Zwergen. Oder aber du beißt in den Apfel.

SCHNEEWITTCHEN: Und was dann?

KATER: So wie man es mir erzählt hat, wirst du wie tot in einem gläsernen Sarg schlafen, lange, lange. Bis derjenige erscheint, der dich mit einem Kuss erweckt. Und dann führst du ein Leben, so aufregend und so voller Liebe, wie es nur einer Prinzessin zusteht.

SCHNEEWITTCHEN *(angstvoll)*: Und was, wenn er nie erscheint?

KATER *(boshaft)*: Tja, eine Garantie auf Prinzen gibt es nicht.

PRINZ *(zieht nachdenklich an seiner Stirnlocke)*: Aber dann hast du wenigstens auf ihn gewartet, nicht wahr? Vielleicht ist das immer noch besser, als auf niemanden zu warten.

KATER: Ja, nur kann man dabei alt und grau werden.

Jedoch ich vergesse da meine Botschaft. Mein Auftraggeber, Prinz Romeo, lässt anfragen, wann es genehm wäre.

SCHNEEWITTCHEN *(aufgeregt)*: Noch ein Prinz? Trägt er eine goldene Rüstung?

KATER: Äh – dafür ist er, fürchte ich, derzeit nicht solvent genug.

FEE: Ist das *der* Romeo? Aus Verona? Der ist doch längst verheiratet! *(Zum Kater)* Und Sie – machen Sie hier nicht den Kuppler und verschwinden Sie!

KATER: Wenn ich um ein kleines Zubrot bitten dürfte.

FEE *(anzüglich)*: Vielleicht ein Äpfelchen gefällig?

KATER: Nein, danke. *(Im Weglaufen)* Leute sind das.

FEE *(stark)*: Also Schneewittchen, entscheide dich. Entweder ein Leben als Hausfrau voller zutraulicher Wärme und Langeweile … oder die Chance auf die große Passion, aber eben nur eine Chance.

PRINZ: Ja, aber ich glaube, die Passion kann nur kommen, wenn du auf sie eingestellt bist. Nur der erträumte Prinz erscheint.

Schneewittchen steht unentschlossen da, den Apfel in der Hand. Der kleine Prinz und der Fuchs betrachten sie gespannt. Nahaufnahme, ein Scheinwerfer fällt auf sie. Blackout.

Romeo und Julia

Vor einem Bühnenvorhang.

HOFNARR FESTE (*tritt auf und singt*):
  Kommt, ihr zwei, auf meine grüne
  Wunderweltenwanderbühne,
  um zu lernen, wie sich Weinen
  und Gelächter gut vereinen,
  weil diese verwandten Zonen
  eng nebeneinander wohnen.
  Liebe ist das Schlüsselwort,
  Liebe kommt, geht wieder fort,
  jubelt, dichtet, liegt darnieder,
  kehrt doch nach Belieben wieder,
  Liebe ist nicht ökonomisch,
  Liebe wirkt zuweilen komisch…
  So liebe denn, wer lieben mag,
  denn der Regen regnet jeden Tag.

Der Vorhang hebt sich. Verona, Nacht, Mondschein.
Eine Fassade mit Balkon. Auf dem Balkon Julia im
Nachtgewand.

JULIA:
  Verbreite deinen dichten Vorhang, Nacht,
  du Liebespflegerin! Damit das Auge
  der Neubegier sich schließ, und Romeo

41

mir unbelauscht in diese Arme schlüpfe.

Komm, Nacht, komm, Romeo, du Tag in Nacht!

ROMEO: Danke, Julia, das reicht im Moment.

JULIA *(unbeirrt weiter)*:

Ich will dein Park sein, so sei du mein Reh.

Geh nach Gelüst hier deiner Weide nach.

Fang auf den Lippen an. Wenn sie versiegen

geh tiefer, wo die Freudenquellen liegen!

ROMEO *(verblüfft)*: Was? Steht das wirklich im Text?
Wird gestrichen!

JULIA: Romeo, Romeo, warum bist du Romeo?

ROMEO: Ja, die Frauen gehen immer direkt an die
Fragen ran, auf die kein Mensch eine Antwort
weiß. Danke, Julia, wir machen eine Pause.

*Inzwischen ist der kleine Prinz mit dem Fuchs auf die
Bühne getreten.*

ROMEO: Hallo! Du bist wohl der kleine Prinz
Clarence, der im Tower schmachtet? Tut mir leid,
Richard III. wird unten im Foyer probiert. Und
einen Fuchs hast du auch mitgebracht? *(Mit
schwerfälligem Humor)* Es gibt zwar einen Mr. Fox
in den ,Lustigen Weibern', aber einen lebendigen
Fuchs...

JULIA *(ist inzwischen heruntergeklettert)*: Vielleicht
gehören sie zur Komparserie? Die machen ja so
was heutzutage im Regietheater!

PRINZ: Nein, wir sind Figuren. Und wir sind unterwegs, um...

ROMEO: Ach so, ihr seid Figuranten, also doch so was

wie Komparsen. Sorry, da können wir euch nicht helfen. Wir sind nämlich hier die Hauptdarsteller. Ich bin Romeo Capulet. Und das ist Julia Montague. Na ja, auch Lady Capulet genannt. Wir sind eben jetzt ein Paar. Übrigens auch eine Firma, falls Sie geschäftlich unterwegs sind. Capulet und Montague Incorporated, Import und Export, Adresse Rialto, Venedig.

PRINZ: Und worum geht es in dem Stück?

ROMEO: Gute Frage. Um unser Leben, was denn sonst? Auf der Bühne geht es immer um's Leben. Wenn ihr Lust habt, dürft ihr zuschauen.

PRINZ: Aber in der Wirklichkeit?

ROMEO: Von welcher Wirklichkeit reden Sie, kleiner Mann? Wir sind alle auf einer Bühne. *(Zum Fuchs)* Tiere vielleicht ausgenommen. Aber wir andern – wir hampeln uns durch unsere zugesprochenen Zeilen, das Leben nichts als ein Märlein, von einem Irren erzählt, voller Schall und Rauch, ohne Bedeutung.

JULIA: Ich bitte dich, Romeo.

ROMEO: Ja, ich weiß. Ewige Treu und Liebe, fürs Bessere und fürs Schlechtere, oder wie die Formeln alle lauten, was, July? Und wir waren noch keine sechzehn, gerade ein Jahr ist's her. Da glaubt man noch an Wunder, exklusiv auf dich zugeschnitten. Es ist die Nachtigall und nicht die Lerche. Oder war das umgekehrt? Schwamm drüber.

PRINZ: Warum sind Sie denn so aufgeregt?

ROMEO: Ich? Aufgeregt? Wieso?

PRINZ: Meinen Sie, dass Sie sich zu billig hergegeben haben?

JULIA: Sag's ihm doch. Es pfeift ohnehin alles von den Dächern.

ROMEO: Stimmt schon irgendwie! Viel Mitgift war ja nicht drin, um nicht zu sagen, nullkommagarnichts. Im Gegenteil: Enterbt hat man uns beide! Ihr wisst schon, wegen der verfeindeten Familien. Und wovon soll man jetzt leben? Von Luft und Liebe?

JULIA: Aber ich habe dir doch gesagt: Ich bin bereit, jeden Job...

ROMEO: Ja? Möchtest du auf die Straße gehen? Was anderes hast du ja nicht gelernt.

JULIA: Willst du damit sagen, ich... *(weint)*

ROMEO: Da haben wir's wieder. O Gott!

Hamlet tritt auf, Degen in der Hand, als Korpsstudent gekleidet.

ROMEO: Ah, endlich. *(Zum Prinzen)* Darf ich vorstellen: Prinz Hamlet, von der schlagenden Verbindung Wittembergia. Metaphysischer Bummelant und ewiger Thronanwärter.

HAMLET *(mechanisch)*: Habe nun ach, Philosophie, Juristerei...

ROMEO: Außerdem mein Schachpartner. *(Holt Schachspiel aus dem Fundus, dazu einen Apfel)* Na, wollen wir mal wieder um einen Apfel spielen, Ham? Den Apfel der Erkenntnis? Daran beißen wir uns doch alle die Zähne aus, haha. *(Liest den Auf-*

kleber auf dem Apfel) Dänisches Produkt. *(Stellt die Steine auf)* Ich stelle einstweilen die Figuranten auf – äh, ich meine, die Figuren.

HAMLET *(riecht an dem Apfel)*: Etwas ist faul im Staate Dänemark.

ROMEO: Kein Wunder. Den Apfel hat ja schon die Schlange im Garten Eden in ihren Giftzähnen gehabt. Natürlich hat jedes Paradies seine Schlangen. *(Er eröffnet sizilianisch. Zum Prinzen)* Im Übrigen derselbe Giftstoff, mit dem uns beide damals der Bruder Laurenz in Scheintod versetzte, um uns zusammenzuführen, Sie kennen die Story? Na, und um eine lange Geschichte kurz zu machen: Eine Stunde später waren wir erwacht, und drei Tage danach verheiratet. *(Er zieht.)*

JULIA *(bitter):* Und es war leider doch die Lerche, die ich gehört habe, und nicht die Nachtigall, ja ja.

ROMEO: Aber Sie ziehen ja gar nicht, Prinz Hamlet. Woran denken Sie?

HAMLET: Oh, ich sehe es ist meine Dreh, ist es nicht? Ich war abwesend von Geist, weil ich hab erinnern müssen, wie ich sie hab geschickt in eine Kloster. Daran kaue ich schon manches Jahr.

JULIA: In ein Kloster, wie furchtbar. Wen?

HAMLET: Sie müssen es haben gehört: Meine Mädchenfreundin, Ophelia.

JULIA *(anzüglich)*: Na, vielleicht haben Sie ihr damit auch einiges erspart. Eh, Romeo?

ROMEO: Wie meinst du denn das, Schatz?

JULIA: Nichts. Ich sage nur: Desdemona.

ROMEO: Desde wer?

JULIA: Tu doch nicht so. Du weißt genau, worauf ich hinaus will.

ROMEO: Die? Da müsste man doch total bescheuert sein! Die gehört doch diesem General, dem Othello.

JULIA: Und dabei treibt sie's mit jedem. Er wird schon wissen, warum er sie dauernd anpflaumt.

ROMEO: Julia, hüte dich vor dem grünäugigen Monster Eifersucht.

JULIA: Mir sagst du das, mir? Wo ich nicht einen Schritt außer Haus tun kann... wo man nicht einem Cassio die Hand schütteln darf, ohne dass du einem ...

ROMEO *(zum Prinzen)*: Das giftige Schrei'n der eifersüchtigen Frau wirkt tödlicher als tollen Hundes Zahn.

HAMLET: Oh, das ist eine gute Ausspruch, ist sie nicht? *(Zieht Schreibtafel heraus)* Ich muss es aufschreiben.

ROMEO: Aber bitte, Sie sind am Zug. *(Zu Julia)* Nebenbei: Diese Desdemona, eine Schlampe, die sich mit einem Schwarzen abgibt... man will ja kein Rassist sein, aber... Und ausgerechnet meine blonde Ophelia, ah, ich meine Desdemona...

JULIA: Also auch Ophelia?! Du hast mit beiden...?!

HAMLET *(achselzuckend)*: Schwachheit, dein Nam ist Weib. *(Er zieht.)*

ROMEO *(zum Prinzen)*: Ihm ist das Wurst! Toll, diese innere Unabhängigkeit! Diese Loslösung von allen

Bindungen! Da nimmt ihm dieser fiese Onkel Claudius nicht nur die Krone weg, sondern auch die leibhaftige Mutter, und was tut er, unser Hamlet? Gar nix. Schickt die Braut ins Kloster, murmelt Monologe zu sich selber, und lässt im übrigen fünfe grade sein.

PRINZ *(nachdenklich)*: Aber vielleicht ist Leiden auch eine Tat?

ROMEO *(höhnisch)*: Leiden und Durchschauen! Trübsal und Durchblick! Die Devise des modernen Menschen. Sollte so über unserem Bühneneingang stehen, nicht wahr? Nur dass dann einer kommt und uns alle zuschanden hauen wird, im Namen irgendeiner fiktiven Rassegesundheit oder Volksgemeinschaft oder wie das heißen wird. *(Blickt in den Hintergrund)* Steht schon da in der Kulisse und wartet, der kommende starke Mann. Der Fortinbras. Eh, Hamlet?

HAMLET *(studiert vorgebeugt das Schachbrett. Sein Halsmedaillon wirft eine der Figuren um)*: Oh, Pardon.

ROMEO: Passen Sie doch auf, Ham. Sie setzen sich ja in Nachteil. *(Besieht das Medaillon)* Wen haben wir denn da? Ophelia? Ach was, die Mutti! Die Gertraud! Also doch eine Bindung? *(Er zieht. Zum Prinzen)* Er hat schon wieder vergessen, zu rochieren. Aber manchmal lass ich ihn eben gewinnen, damit er mir nicht ganz in Melancholie versinkt.

PRINZ *(leise zum Fuchs)*: Sind die alle so?

FUCHS: Ich glaube nicht. Ich glaube auch nicht, dass diese so sind.

PRINZ: Warum spielen sie es denn?

FUCHS: Sie sind eben Schauspieler.

PRINZ: Ich denke, wir könnten jetzt gehen, Fuchs.

FUCHS: Nein, warte. Wer ist denn heutzutage keiner? Auch dein Papa ist ja eine Art Schauspieler. Er spielt den Helden. Es ist seine einzige Möglichkeit, wirklich zum Helden zu werden! Er spielt sich den Mut vor, bis er ihn hat.

PRINZ: Du mit deinen langen Ohren.

HAMLET *(zu Romeo)*:
Ihr König ist nicht unter Dach und Fach.
Ich zieh die Dame und ich sage Schach! *(Zieht.)*

JULIA *(boshaft)*:
Ja, da ist nun das Klagen groß,
was hast du überm Kragen bloß?
Der Turm sollt' da stehn, und die beiden Rösser –

ROMEO: Ach Julia, lass, das macht es auch nicht besser.

HAMLET *(mit einem letzten Zug)*: Tut mir leiden für Sie, jedoch ich muss sagen Schachmatt! Muss ich sagen.

ROMEO: Und dabei war ich so gut in Fahrt. Es ist zum Umkommen!

HAMLET: Ein Augenblick, gelebt im Paradiese, ist nicht zu teuer mit dem Tod bezahlt, ist er nicht?

ROMEO *(zum kleinen Prinzen)*: Seitdem der Junge aus Deutschland zurück ist, besteht er nur noch aus Zitaten. – Also nehmen Sie schon den Apfel.

HAMLET *(ihn besehend)*:

Den Apfel gönn ich nicht einmal Herrn Luthern!

ROMEO:

Nimm ihn nur hin. Er führt dich zu Frau Muttern!

HAMLET:

Die Mutter! Trifft's mich immer wie ein Schlag.

Was ist dies Wort, das ich nicht hören mag?

ROMEO *(spöttisch)*:

Die Mutter brünstig in des andern Bette,

man selbst als Hampelmann, als Marionette!

HAMLET:

Doch war ich nicht vergebens einst Paukant!

Der Apfel bringt mich wieder zu Verstand!

(Hamlet beißt in den Apfel, würgt daran und stürzt hinter die Bühne.)

ROMEO:

Ein Bursche von unendlichem Humor.

JULIA *(aufschreiend)*:

Hamlet! Mein Seelenfreund, und mein Tresor!

ROMEO:

Soso. Dann geh und klopf ihn auf den Rücken.

(Julia ab.)

Sonst wird er an der Wahrheit noch ersticken.

PRINZ *(zum Fuchs)*: Ist das denn nun ein Stück? Die Probe von einem Stück? Oder schon das Leben?

ROMEO: Soll ich Ihnen das erklären, kleiner Mann? Die geringeren Gefühle, was man so das Normale nennt, die scheinen uns persönlich zugehörig. Die empfinden wir als uns selber. Nur bei den großen, den elementaren, haben wir den Verdacht, dass wir sie bloß aus einem Stück rezitieren. *(Ruft in die Szene)* He, Musik! Musikanten, ho!

FUCHS *(zum Prinzen)*: Das klingt sehr klug. Aber ich bin nicht sicher, ob es auch stimmt.

PRINZ *(zu Romeo)*: Können Sie uns denn verraten, ob Ihr Weltschmerz, Ihr Sarkasmus jetzt Maske sind, oder echt?

ROMEO: Ich glaube, anfangs war das eine Maske.

PRINZ: Wozu sollte sie denn dienen?

ROMEO: Um zu imponieren, was sonst. Oder auch, um einen inneren Schmerz zu verdecken. Oder eine Leere, kann auch sein. Was weiß ich. *(Lacht bitter)* Jedenfalls klebt sie dann fest.

PRINZ *(sich vortastend)*: Aber mit Ihrer tätigen Mithilfe?

ROMEO: Richtig, mein Kleiner! Man zerschlägt sozusagen seine romantischen Gefühle mit Mokanz. Nur wird dabei das Nervenkostüm immer dünner.

PRINZ *(nach einer Pause)*: Haben Sie eigentlich viele Freunde?

ROMEO: Echte Freunde? *(Lacht)* Oder Schachpartner? Na ja, echte Freunde, nie gehabt. Weil ich nämlich keine Schwächen dulde. Außer meine eigenen natürlich.

PRINZ: Da haben wir also den berühmtesten Sympathieträger der ganzen britischen Bühne?

ROMEO: Ja, so ist es. Kennen Sie dieses Bonmot von einem französischen Kollegen, das in etwa so lautet: Er kommt an … aber in welchem Zustand?

Hofnarr Feste tritt auf und spielt eine nachdenkliche Flötenmusik.

ROMEO *(für sich)*:
Ich wollt', ich hätt' den Apfel, dass ich lerne
warum ihr ironiebegabten Sterne
mich zu dem eitlen Komödianten machtet,
der, statt zu lieben, nur nach Liebe schmachtet.

Er sinkt in die Knie. Hamlet kommt zurück, gestützt von Julia.

HAMLET:
Da kniet er hin und fleht um Rettung, yes Sir,
allein in Deutschland weiß man so was besser.
Einmal Gedachtes ist nicht auszumerzen,
es frisst sich fort in unsere tiefsten Herzen.
Und, längst verschüttet, steigt es doch ans Licht.
Der Mensch krepiert am Denken, tut er nicht?

Romeo und Julia sitzen nun einander gegenüber,
Hamlet hat sich im Hintergrund niedergelassen.

PRINZ: Und wie geht es nun weiter mit eurem Leben… oder eurem Stück?

ROMEO: Wir improvisieren uns halt durch. An guten Abenden gibt es sogar ein Happy End.

PRINZ: Warum könnt ihr nicht in Liebe miteinander leben?

JULIA *(zu Romeo)*: Hörst du, Romeo? In Liebe miteinander leben. Ach, lerne lieben!

ROMEO: Da ist er wieder, dieser fordernde Ton, den ich auf den Tod nicht ausstehen kann. Wie soll man das auf Dauer verkraften?

JULIA *(bitter zum Prinzen)*: Und das bei einem Frischling, dem ich selber alles beibringen musste, da oben, mit seinen sechzehn Jahren. Keine Ahnung von Tuten und Blasen. Na ja, sagen wir von Tuten.

ROMEO: Dafür du umso mehr. Ich war ja richtig platt.

JULIA: Weil die Liebe alles weiß! Und was sie nicht weiß, errät sie.

PRINZ: Und was ist dann mit ihr geschehen? Mit eurer Liebe?

ROMEO:
Erst freudig Hoffen, nachher Schattenbild.
Dies weiß jedweder, doch nicht, wie man flieht
den Himmel, der zu dieser Hölle zieht.

JULIA: Ja, er macht halt auf alles seine Verslein. Wahrscheinlich auch auf seine Amouren. Pro Liebesakt ein Sonett.

ROMEO: Muss man aber erst mal haben, das Kreative!

JULIA *(zum Prinzen)*: Immer nehmen, immer nur nehmen. Ihr glaubt, das beeindruckt uns. Tut es auch, eine Zeitlang. Danach fragt man sich: Warum ist er nicht auch mein Freund? Das ist alles einfach.
(Sie kniet sich zwischen Prinz und Fuchs) Und ihr, wie habt ihr das geschafft?

ROMEO: Lass sie doch. Sie sind Kinder.

PRINZ: Ich weiß nicht... Ich glaube, wenn man sich die Frage stellt, dann kann man es schon nicht mehr.

JULIA: Sag, Romeo … wir waren doch auch Kinder. Wo ist das hin? Nur weil wir ein Bett miteinander teilten?

ROMEO: Ach, ich weiß nicht. Lass mich in Frieden. *(Zum kleinen Prinzen)* Sag ihr, dass es vorübergeht. Und dass alles zum Schießen ist. Dass es zum Schießen ist, wie alles vorübergeht.

Er starrt vor sich hin. Es wird dunkler. Ein Vogel singt unsichtbar.

ROMEO: Die Nachtigall! *(Er stampft auf)* Verflucht, was ist da passiert? Was ist da passiert?

JULIA *(mitfühlend)*: Du hättest mich eben nie kennenlernen dürfen. Das war unser Pech.

PRINZ: Aber ihr wart doch füreinander vorbestimmt. Jedenfalls habt ihr das anfangs so gefühlt?

JULIA: Ich wenigstens, ja. Es ist doch so, dass man da mit einem Mal so was wie einen … einen Hohlraum in sich spürt, von dem man vorher gar nichts gewusst hat. Und den dann komischerweise nur diese eine Person ausfüllen kann, die jetzt in dein Leben tritt.

ROMEO: Ja, schon. Aber da existiert eben noch etwas anderes, das sich gar nicht so genau festmachen lässt.

PRINZ: Hat es mit der Kindheit zu tun?

ROMEO: Eben, ich glaube schon. Das, was man damals ganz insgeheim gefühlt hat, in seinen ersten Regungen, ohne natürlich an irgendeine Frau zu denken, das wird dann der Typus, auf den man fixiert ist. Und das umzupolen, ist das Schwerste.

PRINZ *(sich weiter vortastend)*: Sie waren ... Sie waren nicht auf Julia programmiert?

ROMEO *(schüttelt langsam den Kopf. Dann)*: Willst du wissen, wie das alles zusammenhängt? *(Und da der kleine Prinz nickt)* Ich werd's dir sagen, kleiner Mann. Damals, ich meine als Kind, da war doch alles, ich weiß nicht, irgendwie beseelt, nicht wahr. Hat sein eigenes lebendiges Leben, das mit dir sprechen will. Alles, nicht nur die Bäume und Tiere und Sterne, sondern auch das Haus, die Straßen, die Bücher und die Figuren drin, und was weiß ich. Ja, sie bestehen geradezu aus unseren Gefühlen zu ihnen, sonst existieren sie gar nicht.

PRINZ: Sie meinen, es ist so, als ob die Welt einem zuarbeitet?

ROMEO: Genau. Dass sie Teil von dir ist. Ein Ring, in dem du steckst, irgend so was. Ich glaube, es hat mit Unschuld zu tun. Mit der Art Unschuld, die so keine Frau hat. Weil sie eben weiß. Und was sie nicht weiß, ahnt sie, nicht wahr. Und dann beginnt es halt, sich zu spießen. Dann muss man umpolen. *(Lacht)* Aus dem magischen Ring wird ein Verlobungsring, mit 'nem Diamanten. Und daraus wieder ein goldner Ehering. Ich weiß nicht, ob ihr mich versteht?

JULIA *(spöttisch)*: Der Prinz schon. Er ist darauf programmiert.

ROMEO: Ja. Und dann – dann verdünnt sich diese Magie irgendwie. Sie trocknet aus, ohne dass du es richtig merkst. Nur wird dir mit einem Mal klar,

dass du nicht mehr drinnen steckst, in diesem Zau-
berring. Die Dinge passieren nicht mehr, wenn du
sie herbeiwünschst. Die Rehe treten nicht mehr für
dich aus dem Waldrand. Gehören dir nicht mehr
zu. Sind nicht mehr Teil von dir.

JULIA *(weich)*: Und dann kommt sie, die Liebe zu der
Frau. Aber es ist nicht dasselbe.

ROMEO: Nein, es ist nicht dasselbe. Nur die Frauen,
die wollen eben, dass es dasselbe sei. Dass es alles
für dich sei, wie es vielleicht für sie alles ist, in diesem Moment.

PRINZ *(leise zu Julia)*: Jetzt wäre doch vielleicht der
Moment, ihn an der Hand zu fassen. Oder über die
Haare zu streichen, so was.

JULIA *tut beides.*

HAMLET *(legt seinen Degen ab und tritt überraschend
vor, den Apfel in der Hand)*: Ich denke ja nicht, dass
mir selber noch ist zu helfen, no Sir. Ich bin offenbar auf Tragödie angelegt, bin ich nicht, mein lieber Freund? Auch so etwas gibt es, du wirst es müssen lernen zu deiner Zeit. Aber ihr zwei Jokers, ich
habe so eine Idee, dass ihr geplant seid als Komö-
die mit gutem Ausgang. Und aus irgendeinem
Grund, ich weiß nicht warum, seid drauf versessen,
es umzukehren, seid ihr nicht?

PRINZ: Warum sollten sie das tun?

HAMLET: Kann sein, weil es gar nicht ist so einfach,
zu lieben. Vielleicht weil es ist einfacher, umzu-
bringen eine Million Menschen, als zu lieben. Oder
auch sechs.

FUCHS: Das verstehe ich nicht. Aber ich habe Angst.

PRINZ: Ich glaube, es hat mit Nichtlieben zu tun. Dass der Überforderte mit Hass zurückschlägt. Und er muss diese Wut mit sich herumtragen, oder sie ausleben.

HAMLET *(weiter zu Romeo)*: Und dann tritt, nicht wahr, diese Mädchen hinein in dein Leben. Frau, besser gesagt. Weil sie ja alles weiß, oder nicht? Und was sie nicht weiß, sie errät. Und du, du stürzt ab wie in einen Brunnen, ja? Dieses Unaufhaltsame, dieses Nachhaltige von der Frau. Diese gewaltige Flut, Springflut von das Geschlecht und dem Trieb fortzupflanzen. Und alles missachten, oder für lächerlich nehmen, was sich nicht bezieht darauf. Wie soll da unsereins mithalten, auf Dauer, wie? Also verlegt man sich auf Studium. Oder auf Paukboden. Oder den Rialto, mit Mister Shylock. Oder die kleinen Abenteuer, die was zu nichts verpflichten. Oder die Fliegerei, ist es nicht wahr, Kleiner? Oder Fahrt in den Weltraum. Und zur Not in den Krieg... Da, fang! *(Er wirft Romeo den Apfel zu.)* Ich denke, Sie ihn brauchen notwendiger als ich, den Apfel. Ihnen kann Erkenntnis noch verhelfen zu neuem Leben, ja?

PRINZ: Und warum Ihnen nicht?

HAMLET *(lacht)*: Vielleicht weil mein Denkorgan ist nicht darauf eingestellt. Und doch, ich glaube schon, dass wir haben alle eine Art Alchemie in uns, die das Böse kann umschmelzen zum Guten. Die aus Mist Gold kann machen. Aber warum beim einen funktioniert, und nicht bei andern, darüber das Schicksal schweigt sich aus.

PRINZ: Aber könnten Sie Herrn Romeo nicht direkt sagen, was es ist, das er lernen muss?

HAMLET: Und dir auch, kleiner Mann? Ich wünschte, es ließe sich ausdrücken in wenig Worten. Sie, Romeo, müssen nicht nur lernen, anzunehmen die Liebe von dieser Frau, wie sie ihr die Natur geschenkt hat, und anzunehmen mit Freuden, so wie vorher die Liebe von den Dingen. Sondern auch zu akzeptieren Ihre eigene, samt den weiblichen Anteil daran, über was Sie sich so furchtbar schämen. Aber all das ist natürlich leichter gesagt als es ist getan. Ich selber war ja nicht sonderlich begabt dafür. Aber ich denke, Sie haben bessere Anlagen dazu. Ist doch Ihr Gebiet, Ihr eigenstes.

PRINZ *(leise zum Fuchs)*:
Es ist wie mit dem Wunderland.
Wer es verdient, dem hat's Bestand.
Den anderen bleibt alles triste.

FUCHS: Das Land steht doch auf unsrer Liste?

Julia hat jetzt begonnen, langsam zum Balkon hochzusteigen.

ROMEO: Aber immer wieder sehnt man sich nach der Zeit zurück, wo es noch gestimmt hat, nicht wahr. Und man hofft, dass es vielleicht immer noch da ist. Nur eben versteckt, verborgen. Aber da.

Hamlet hat sich inzwischen den Degen wieder umgegürtet und beginnt jetzt langsam, in die Kulisse abzu-

wandern, seinem Schicksal entgegen. Der Prinz winkt Romeo ermutigend zu.

ROMEO: Ich weiß, es klingt ein bisschen einfältig, Julia. Aber könntest du … möchtest du …

JULIA: Was, Romeo, was?

ROMEO: Noch einmal … du weißt schon …

JULIA *(auf dem Balkon)*:
Komm, Romeo, du Tag in Nacht.
Denn du wirst ruhn auf Fittichen der Nacht
wie frischer Schnee auf eines Raben Rücken.
Komm, milde, liebevolle Nacht. Komm, gib
mir meinen Romeo.

ROMEO *(hochsteigend)*:
Wär ich ein Handschuh bloß in deiner Hand,
um deine Wange zu berühren!
Lieb ist nicht Narr der Zeit. Ob Rosen-Mund
und -Wang auch kommt vor jene Sichelhand,
Lieb ändert nicht mit kurzer Woch und Stund,
nein, sie hält aus bis an des Grabes Rand.

JULIA:
Was ist ein Name? Was wir Rose nennen
wär unter anderm Namen ganz so süß.
Musst du schon gehn? Es ist der Tag noch nicht,
es war die Nachtigall und nicht die Lerche …

Die Bühne ist jetzt fast finster geworden. Die beiden liegen sich in den Armen. Prinz und Fuchs blicken aus dem Dunkel respektvoll hinauf zum Balkon. Die Schachfiguren ordnen sich von selbst zu einem neuen Spiel.

Alice im Wunderland

Der blühende Garten eines englischen Landhauses im Mai. Das weiße Kaninchen mit Kragen, schwungvoller Krawatte und karierter Weste läuft auf uns zu, bremst, hält an. Zieht aus der Westentasche eine Uhr.

KANINCHEN *(für sich)*: O Gott, o Gott, ich bin ja
    verspätet! *(Dann zu uns, getragen)*
    Zeit des Lebens, schnelle Zeit,
    wer das spürt, der weiß Bescheid.
    Prinzen, Füchse müssen lernen
    wie das tickt auf andern Sternen:
    Mai das bleibt uns stets im Sinn,
    Mai vergeht, aber wohin?
    Mai blüht auch im Wunderland,
    Wunderland ist abgebrannt.
    Maientag verflieg!

Der Salon des Landhauses im Mai, das Fenster auf den Garten steht offen. Mrs. Alice Hargreaves, nunmehr eine uralte Dame, aber in jugendlich geblümtem Kleid, sitzt im Rollstuhl, die „Times" auf dem Schoß. Bombeneinschläge off.

ALICE: Hat jemand mein Hörgerät gesehen? *(Lauter)*
    Wo mein Hörgerät ist, will ich wissen! Jean! Bei
    dieser blödsinnigen Bomberei kann man ja kaum
    sein eigenes Wort verstehen! Jean! Jean!

Butler Jean kommt hereingeglitten, Hörgerät auf einem Silbertablett.

ALICE: Na endlich! *(Setzt es ein)* Ihre Leute sind heute wieder ganz schön an der Arbeit, was?

JEAN: Jawohl, Mrs. Hargreaves. *(Obwohl der perfekte britische Butler, leidet er unter einem unverkennbaren französischen Akzent – aber wo bekommt man in diesen Zeiten einen echten her?)* Sind aber nicht meine Leut, Madame. Bin ich Réfugié von France, Mrs. Hargreaves.

ALICE: Ach was, alle Europäer sind gleich! Und dieser furchtbare Churchill. Wenn's den nicht gäbe, hätten wir schon lange Frieden mit Ihrem Herrn Hitler gemacht, oder wie er sich nennt.

JEAN *(für sich)*: Bon Dieu de bon Dieu!

Ein ungeheurer Bombeneinschlag off.

ALICE: Aber hören Sie denn nicht, Jean? Es hat geklopft.

JEAN *(verschwindet, kommt einen Moment später mit dem Professor wieder. Ansagend)*: Professor Carroll, äh, ich mein Professor Dodgson, Pseudonym Lewis Carroll.

CARROLL *(in altmodischem Gehrock mit Zwirnhandschuhen, Regenschirm. Stotternd)*: P-p-pardon, wenn ich so herein-p-p-platze.

ALICE: Sie? Aber Sie sind doch … ich glaube, seit einem halben Jahrhundert …

CARROLL: Seit 44 Jahren genau. In der Religion darf man glauben, in der M-M-Mathematik m-m-muss man exakt sein. Ich bin seit 44 Jahren hinüber.

ALICE *(abweisend)*: Man denke. Und wie lang ist es her, Professor, dass Sie dieses Machwerk verfassten, das mein ganzes Dasein zerstört hat? Das mich nie zu mir selbst kommen ließ, weil ich lebenslang nur darauf festgelegt wurde?

CARROLL: Es war vor achtzig Jahren, Alice. Ich d-d-darf Sie doch wieder Alice nennen? Sie waren gerade zehn. Und das lieblichste, amüsanteste …

ALICE *(bitter)*: Alice im Wunderland, haha. Und was ist daraus geworden? Statt dem jungen Mann aus der Upper Class, den alle für mich erwarteten, ein Ekel von Parvenu. Na, wenigstens hat er mich versorgt. Und drei lieblose Söhne. Wissen Sie, dass ich denen Eheverbot erteilt habe – sonst Enterbung! Und sie haben sich auch daran gehalten, diese Hasenfüße. Wunderland, pah!

CARROLL: Aber Sie sind d-d-doch weltberühmt! Jeder liebt Sie! Auch in D-D-Deutschland, wo sogar Othello wegen Rassenschande verb-b-boten ist.

ALICE: Und was kaufe ich mir dafür? Na ja, ich muss zugeben, da habe ich doch kürzlich Ihr Originalmanuskript zur Auktion geschickt, und es hat mir immerhin 15.000 Pfund eingebracht. Ach so, sind Sie deshalb da, Professor, wegen Ihrer Tantiemen? *(Zum eintretenden Jean)* Was ist denn jetzt wieder los?

CARROLL: D-d-dies ist nämlich der Anlass meines Kommens. Ich hatte da einen seltsamen Besuch. Zwei, zwei P-P-Personen, die sich nach Ihnen erk-k- …, aber da sind sie schon.

JEAN *(hat den kleinen Prinzen und den Fuchs einge-
lassen. Missbilligend)*: Ein Hund, soll ja noch
durchgehn. Aber ein Fuchs, merde alors! Und dazu
dieser komische Bonhomme! *(Ab.)*

ALICE *(zum Prinzen)*: Aber Sie kenne ich ja! Sie sind
doch dieser kleine französische Prinz, über den
jetzt alle Welt Tränen vergisst.

PRINZ *(verbeugt sich)*: Madame!

FUCHS *schnüffelt den Raum ab, sicher ist sicher.*

ALICE: Ich selbst lese ja kein französisch. Diese leeren
Floskeln. Diese unregelmäßigen Verben. Eine Krä-
merspräche. Nichts für mich. Reicht nicht an unser
Englisch heran, was, Professor?

CARROLL: Ich bin M-M-Mathematiker. Dass ich einmal in infantiler Laune dies K-K-Kinderbuch hin-
warf – ein Scherz, nichts weiter. Und noch dazu
ohne jede Moral, unverzeihlich. Nein, von mir wird
etwas g-g-ganz anderes überleben. Meine G-G-
Gleichung! Meine Formel!

ALICE: Sie wissen, ich konnte mich nie für Rechnen
begeistern.

CARROLL: Aber dies ist eine Formel, die alle Welträt-
sel löst! Allerdings ist sie mir ja g-g-gestohlen wor-
den.

ALICE: Wirklich? Von wem?

CARROLL: D-d-das weiß ich nicht. Aber g-g-gelan-
det ist sie bei diesem nichtswürdigen D-D-Dilet-
tanten, diesem reklamesüchtigen, eitlen Scharla-
tan ...

ALICE: Um Gottes Willen, von wem reden Sie?

CARROLL: Natürlich ein D-D-Deutscher. Heißt Einstein oder so ähnlich.

PRINZ: Aber mein Papa, der Pilot, sagt immer, ohne den wäre es unmöglich gewesen, ein Raumschiff zu bauen!

CARROLL: Ein w-w-was?

FUCHS *setzt sich plötzlich argwöhnisch auf die Hinterläufe, schnüffelt zur Tür.*

JEAN *stürzt herein, verfolgt von dem weißen Kaninchen in Rock und Weste. Stürzt zur Gegenseite wieder hinaus.*

KANINCHEN *(zieht Uhr aus der Westentasche)*: O Gott, o Gott. Ich bin ja verspätet! *(Verschwindet durchs offene Fenster in den Garten. Der Fuchs setzt hinterher.)*

ALICE *(rollt sich eilig zur Tür)*: Das gibt ein Blutbad! *(Zum Prinzen)* Und Sie haben den Fuchs mitgebracht! Sie sind verantwortlich!

CARROLL: Dieses K-K-Kaninchen! Das habe ich d-d-doch ... das hat ja etwas mit meiner G-G-Gleichung ... *(stürzt in Richtung Tür)*.

PRINZ *(gerade im falschen Moment, da noch unerfahren)*: Mister Caroll, wenn ich mir eine Frage ...

CARROLL *(ungeduldig)*: Professor Carroll, wenn ich bitten darf.

PRINZ: Pardon?

CARROLL: Ich k-k-kenne Ihren Namen nicht. Wir sind uns nicht vorgestellt. Also darf ich erwarten, dass Sie meinen hier bereits g-g-genannten T-T-Titel ... *(Das Kaninchen schießt zwischen seinen*

Beinen in der Gegenrichtung durch, jetzt vom Fuchs
verfolgt.)

PRINZ: Fuchs! Fuchs! *(Auch er läuft nun mit wehen-
dem Schal zum Ausgang.)*

*Jetzt der schon gesehene Garten des Hauses – die Szene
schließt direkt an. Eilige Musik. Alice, nunmehr erst an
die zehn Jahre alt, aber ihr geblümtes Kleid in demsel-
ben Muster wie das gesehene, kommt aus dem Haus
gerannt. Vor ihr herlaufend das Kaninchen und der
Fuchs.*

*Hinter ihr Carroll, jetzt erst 30, doch im gleichen
professoralen Anzug wie eben, mit Handschuhen und
Regenschirm. Alles eilt dem Kaninchen hinterher. Alice
ist am schnellsten und überholt das Kaninchen, läuft
aber im gleichen Tempo weiter. Fuchs und Kaninchen
bremsen quietschend an einem Hasenbau. Alice stoppt,
sieht sich um. Inzwischen haben auch Carroll und der
Prinz den Hasenbau erreicht, warten da. Das Kaninchen zieht Uhr heraus, tappt wartend mit der Pfote.
Jeder schaut ungeduldig auf Alice. Alice verlegen, geht
zum Hasenbau zurück. In diesem Moment beginnt
das Kaninchen wie wahnsinnig an dem Bau zu schar-
ren, um die Öffnung zu finden. Stürzt sich in die Öffnung, zieht Alice mit sich.*

*Dann im Hasenbau. Ein ewig langer Schacht. Kanin-
chen und Alice fallen gemächlich hinunter, gefolgt von
den übrigen. Carroll zieht im Fallen Notizbuch heraus
und notiert.*

CARROLL: Fall in das Hasenloch gleich Fall ins Leben, Erwachsenwerden. Nicht schlecht. Etwas überdeutlich, dies möglichst vermeiden. Sanfte Landung auf Gestrüpp. *(Alice und die anderen landen.)* Jetzt die Flasche! *(Eine Flasche, auf einem Tisch stehend, blendet ins Bild. Daran Aufschrift: Trink mich.)*

ALICE *(mit der Flasche)*: Wenn es Gift wäre, würde ja darauf geschrieben stehen: Gift. Steht aber nicht. Also! *(Sie trinkt und beginnt sofort zu wachsen.)*

CARROLL *(notierend)*: Wachsen – der unbewusste Traum jedes Kindes. Natürlich zu verschlüsseln.

ALICE: Jetzt reicht mir das aber. Tschüss Füße, ich hoffe wir sehen uns wieder. *(Steckt die Flasche ein.)*

CARROLL: Würde ich dir das sonst zumuten? *(Notiert)* Kein Stottern bei Kindern. Außer wenn ich an Stottern denke. Also mehr an Kinder denken. Was meinst du, Alice?

ALICE: Man denkt an das, was man liebt. Ist doch ganz einfach. Aber dazu muss ich jetzt auch wieder schrumpfen, nicht wahr, Dodo? *(Sie schrumpft.)*

CARROLL: Ich mag eben alle Kinder, Jungen ausgenommen. Jungen sind ein Irrtum der Natur.

PRINZ: Darf ich eine Frage stellen?

CARROLL: Eine Frage? An Lewis Carroll oder an D-D-Doktor D-D-Dodgson den M-M-Mathematiker? Bei Fragen an diesen fängt er nämlich an zu st-st-stottern. Und was ist Ihre Frage?

PRINZ: Kinder selbst empfinden sich doch nicht als wunderbar. Vielleicht ist es nur eine sentimentale Vorstellung der Erwachsenen?

CARROLL: Ja, aber vielleicht ist jede Liebe nur eine sentimentale Vorstellung. Nur würde die Welt sich nicht d-d-drehen ohne das.

PRINZ: Also wir leben nur aus unseren Illusionen heraus?

CARROLL: Ja. Und ich denke, unsere Vorstellung, die Wahrheit am Zipfel zu haben, ist die größte Illusion von allen.

PRINZ: Also ist die wahre Wahrheit gar nicht zu haben?

CARROLL: Aber die Illusion ist doch identisch mit der Wahrheit! Das, was wir glauben, ist! Das, wovon wir träumen, wird! Und nur das. Ändere deine Vorstellung, und du änderst die Dinge. Du lebst in der Welt, die du dir schaffst.

PRINZ: Also im Wunderland?

CARROLL: Wunderland ist ja überall. Solang Sie aus dem Staunen nicht herauskommen, mein kleiner Prinz. Solang Sie es nicht verlieren, das kindliche Staunen.

ALICE *(nach einer Pause)*: Aber Dodo, warum haben Sie dann nicht Ihre eigenen Kinder?

CARROLL *(aufschreckend)*: Wie? Was? Aber d-d-da müsste man ja seine Handschuhe ausziehen!

PRINZ: Die Handschuhe? Und wenn schon!

CARROLL: D-d-da müsste man ja an das lebendige F-F-Fleisch der Mamas heran. Das F-F-Fleisch! Die Erbsünde! Nur K-K-Kinder sind rein! Kinder bewahren dich vor der Sünde. Sehen Sie doch! *(Er holt Porträtfotografien aus dem Gehrock)* Allein in diesem Jahr habe ich über hundert davon g-g-gemacht!

PRINZ: Aber das sind ja alles nackte kleine Mädchen?

CARROLL: Ja! Warum nicht? Im Stande der Unschuld – vor der Pu-Pu-Puber – dieses schreckliche Wort, man mag es g-g-gar nicht aussprechen! Nackt wie die Natur!

ALICE *(betrachtet sich)*: Also ich finde mich ausgesprochen appetitlich! Aber wenn meine Mama so was sieht, die steht Kopf!

FUCHS: Was soll daran so schwer sein? *(Er stellt sich auf den Kopf.)*

CARROLL: Ja, die Mamas, die können eben nicht ins Wunderland. *(Er wirft die Fotos in die Luft und sie verwandeln sich in Spielkarten, die er einfängt.)* Wollt ihr ein Kunststück?

KANINCHEN *holt Uhr heraus, hält sie Alice vor, indem es auf den Zeiger tappt.*

ALICE: Aber da redet ihr und redet, und wir kommen nicht voran im Wunderland! Und dabei wird es immer später. Vielleicht ist es schon zu spät, und ich lande in der Pu-, der Pu … *(beginnt zu weinen)*.

Sofort bildet sich ein Fluss aus ihren Tränen. Dann sieht man darauf ein Ruderboot, in dem Carroll und Alice eifrig rudern, Fuchs und Kaninchen als ängstliche Passagiere, der Prinz am Steuer.

FUCHS: Wasser mag ich nämlich gar nicht.

KANINCHEN: Ich ebenfalls nicht. Und dann wird auch meine Uhr nass.

FUCHS: Dann wären wir uns ja soweit einig.

CARROLL *(notiert)*: Wassergeschwindigkeit relativ zu Erdumdrehung mal Masse zum Quadrat wäre demnach Energie. Oder als Gleichung ausgedrückt … *(er kritzelt)*.

ALICE: Dodo, könnten wir einen Moment ans Ufer? Ich sehe da einen reifen Apfelbaum.

CARROLL: Immer diese Störungen! Wo gibt's denn hier einen reifen Apfelbaum? *(Er rudert zum Ufer)* Und im Mai!

ALICE: Da! *(Sie schüttet den Rest der Flasche, die mit ‚Trink mich' beschriftet ist, ans Ufer. Ein reifer Apfelbaum schießt hoch. Alice pflückt einen Apfel. Im Hintergrund bemalen zwei Gärtner, die vorn und hinten mit großen Spielkarten behängt sind, einen weißen Rosenstrauch in rot.)*

ALICE: Darf ich bitte fragen, weshalb Sie diese Rosen bemalen?

GÄRTNER: Weshalb? Weil die Herzdame rote Rosen bestellt hat. Und wir haben irrtümlich weiße gepflanzt. Also warum stellen Sie solche dummen Fragen? *(Hinten bläst Herz-As einen Trompetenstoß, und die Herz-Dame tritt auf.)*

HERZ-DAME *(zu Alice)*: Wer ist sie?

ALICE: Woher soll ich das wissen? Erst war ich klein, dann groß, dann wieder klein, dann fuhren wir Boot auf meinen eigenen Tränen –

HERZ-DAME: Kopf ab!

Die Gärtner nehmen Alice und stecken sie mit dem Kopf in den Sand.

HERZ-DAME: Ist der Kopf weg?

GÄRTNER: Ja, Majestät.

HERZ-DAME: Holt sie wieder hoch. *(Es geschieht)* Was ist das für ein Apfel?

ALICE: Es ist… es ist ein Apfel, Majestät.

HERZ-DAME: Gute Antwort. *(Zu Carroll)* Und was ist das für ein Buch, in das er da schreibt?

CARROLL: Es ist… es heißt: ‚Alice im Wunderland‘.

HERZ-DAME *(nimmt es ihm aus der Hand)*: Ich sehe nichts als Zahlen und Figuren! *(Zerreißt das Notizbuch und wirft es ins Wasser.)*

CARROLL: Meine Formel! Meine Gleichung!

ALICE *fischt insgeheim ein Blatt heraus, liest es.*

HERZ-DAME: Was tut sie da? Was hat sie da in der Hand?

ALICE *(hat den Apfel entzweigebrochen und das Blatt darin versteckt)*: Nichts. Meinen Apfel, Majestät.

HERZ-DAME: Dann schlucke sie den Apfel in einem Bissen herunter.

ALICE: Das ist unmöglich, Majestät.

HERZ-DAME: Glaube ich nicht.

ALICE: Man kann nicht an Unmögliches glauben!

HERZ-DAME: Übungssache. In deinem Alter machte ich das jeden Tag. Manchmal glaubte ich an ein halbes Dutzend unmögliche Dinge noch vor dem Frühstück! Trompeter, blasen!

Herz-As bläst, und die Herz-Dame schreitet von dannen.

PRINZ *(zu Alice)*: Wieso kann man nicht an Unmögliches glauben?

ALICE: Das war nur, um sie zu provozieren. In Wirklichkeit kann man *nur* an das Unmögliche glauben. Das Mögliche muss man wissen.

FUCHS: Das woran ich jetzt glaube, wäre ein gutes Mittagessen.

CARROLL *(gräbt in den voluminösen Taschen seines Gehrocks)*: Keine Sorge. Ich habe ein ganzes Picknick mitgebracht.

FUCHS: Und was gibt es da?

CARROLL: Als Hauptgang falscher Hase.

FUCHS: Ah, gut!

KANINCHEN *(zieht seine Uhr)*: Was?! Ich denke, ich muss jetzt ganz dringend – *(es springt an Land)*.

ALICE: Und mir genügt mein Apfel.

FUCHS: Desto besser. *(Macht sich über den Hackbraten her.)*

PRINZ *(zu Alice)*: Aber wie lang kann denn das Unmögliche vorhalten? Das Wunderland?

ALICE: Immer und ewig, warum nicht? Man muss es eben in sich bewahren.

PRINZ: Das gilt doch nur für Kinder? Und vielleicht für Dichter?

ALICE: Aber ich glaube ja fest daran, dass alles wirklich so ist, wie man es fühlt. Wissen Sie, einmal, als Mama noch nicht so auf Hygiene eingestellt war, da hatten wir doch diese zwei Hunde. Einer war ein winziger Pinscher und der andere ein riesiger Wolfshund. Und was denken Sie? Der Pinscher hat den Wolfshund absolut terrorisiert. Er wusste gar nicht, dass er kleiner war. Er hat das nicht verinnerlicht. Er fühlte sich eben dem Großen haushoch überlegen. Und das hat er dem auch beigebracht.

PRINZ: Du meinst, der Unterschied zwischen Erfolg und Misserfolg, der liegt in der eigenen Haltung?

ALICE: Ja, und mir scheint, auch am Ende der zwischen Glück und Unglück. Natürlich gibt es das Schicksal. Aber dem lässt sich doch oft ätsch sagen, denk ich. Der Goldschatz, der liegt eben nicht auf einer Schatzinsel, der liegt in dir selber drin. Zumindest musst du fest dran glauben, bevor du die Schatzinsel finden kannst, ist doch klar. Ohne das läuft nichts. Und ich hab ja auch noch dicke viel Zeit, nicht wahr, Dodo? Aber Sie müssen mir auch alle Tage Ihre Geschichten erzählen und Ihre Kunststücke vormachen, ja Dodo? Versprochen?

CARROLL *(hingerissen)*: Ich wollte, du würdest Du zu mir sagen, Alice.

ALICE *(mit kindlicher Grausamkeit)*: Du sagen? Aber Sie sind doch alt!

CARROLL: Dreißig minus zehn macht zwanzig. Ich bin zwanzig Jahre älter als du. Keine unüberbrückbare Differenz. Wir könnten ... wir könnten uns zum Beispiel jetzt verloben. Und dann, wenn du hinaus bist über die Pu-, über die Pu-, dann könnten wir heiraten, nicht wahr. (*Er zieht seine Handschuhe aus.*)

Eine Pause, Alice starrt ihn fasziniert an.

ALICE: Ist das ... soll das ein Antrag sein?

CARROLL *nickt.*

ALICE *(langsam)*: Was nur Mama dazu sagen wird?

CARROLL *(fröhlich, zum ersten Mal)*: Deine Mama lassen wir beiseite. Sie weiß ja nichts vom Wunderland.

ALICE: Nein. Das wissen nur wir. *(Sie beißt nachdenklich in den Apfel.)*

PRINZ *(zum Fuchs)*: Ich glaube, wir haben da zwei glückliche Menschen getroffen.

FUCHS *(fressend)*: Mhm.

CARROLL *(plötzlich scharf)*: Nicht in den Apfel beißen!

ALICE *(lachend)*: Nicht beißen? Warum denn nicht?

CARROLL: Die Formel! Das P-P-Papier! Da ist vielleicht die Formel drauf! Meine G-G-Gleichung!

ALICE *(enttäuscht)*: Ja so. Richtig. Ihre Gleichung!

CARROLL *(aufspringend)*: G-g-g-gibst du mir sofort den Apfel!

ALICE *(mutwillig)*: Fällt mir nicht im Traum ein!

CARROLL: Ach was, man k-k-kann nicht immer träumen.

ALICE: Ach so, ich dachte. *(Hält den Apfel hoch in die Luft)* Wollen Sie ihn?

CARROLL: Lass doch das blöde Spiel, Alice.

ALICE *(zum Prinzen traurig)*: Dodo hat ausgespielt. Er weiß es bloß noch nicht. Schade.

CARROLL *(sie schüttelnd)*: Du ungehorsames Kind! Wirst du mir auf der St-Stelle ...

ALICE: Erst Ihre Handschuhe wieder anziehen, Professor!

CARROLL *(sie anziehend)*: Ach so, ja, gut. Und jetzt?

ALICE: Und jetzt ist alles aus. Aufwachzeit, Professor! Aus der Traum! *(Sie wirft den Apfel in den Fluss.)*

CARROLL: Meine F-F-Formel! Meine Weltformel!

ALICE *(spöttisch)*: War es wirklich wichtig? Wird schon nicht so wichtig gewesen sein. Lassen Sie mal sehen. E ist gleich M zum Quadrat, war's das? Oder warten Sie: M ist E zum Quadrat? *(Spöttisch)* Wieder nicht?

Carroll sitzt da, den Kopf in die Hände vergraben. Alice sieht ihn nachdenklich an. Es ist jetzt fast so, als ob sie die Ältere wäre. Der Prinz blickt stumm von einem zum andern und zurück. Der Fuchs ist eingeschlafen. Das weiße Kaninchen kommt am Ufer entlanggeschlendert. Holt seine Uhr, blickt sie fragend an. Ein Zug junger Entlein schwimmt fröhlich quakend vorüber.

FUCHS: Wo kommen denn die auf einmal her? Schade, dass ich so satt bin.

PRINZ: Aber das sind doch die Kinder ... die Kinder!

Das Kaninchen steckt seine Uhr weg und hoppelt eilig hinterher.

Max und Moritz

Vor einer Wilhelm-Busch-Ausstellung in Entenhausen.

SCHMUL SCHIEFEBEINER *(heraustretend):*
Ja, ich bin Schmul Schiefebeiner,
scheener als wie ich ist keiner.
Wenn auch, falsch und sittenlos,
platter Füße, krummer Nos
und der Phantasie entsprossen
von Herrn Busch sein Bilderpossen.
Was ich tu, Sie ham's erraten:
nix wie miese Missetaten!
Was an Fiesem er gefunden
hat Herr Busch mir aufgebunden,
Knoblauchschlecker, Zwiebelfresser
(Italiener sind nix besser),
bin von Zeh bis zu der Glatze
nebbich nur e Stürmer-Fratze.
Also wenn Sie was bederfen,
Stein vielleicht auf mir zu werfen,
bitte, sich bedienen nur,
jeder braucht e Hassfigur.
Aber ach und waih geschrien,
hier kommt mehr als ich verdien!
Alle Türen krachen offen
und schon kommen sie geloffen:
Erstens die Frau Witwe Bolte,

sie schlägt e zesammgerollte
Zeitung paff! mir ins Gesicht,
wehe, ich ertrag es nicht.
Danach Rabe Huckebein,
hackt mir Schabbesdeckel ein,
und der brave Lehrer Lämpel
ruft: „Verjagt ihn aus dem Tempel!"
Dann das liebe Freilein Knopp,
gibt mir Koppnuss auf den Kopp,
eine weitere auf den Podex,
schreit: „Hinaus mit ihm vom Kodex!
Er bringt Schmach und Missgeschick
auf neue Bundesrepublik!
Diesen hat kein Busch verbrochen,
solche Fälschung wird gerochen.
Nie war Busch ein Rassenhasser,
Demokrat von reinstem Wasser,
nie in seinem Herzen nisten
solche Antisemitisten!
Drum in den Gesamten Werken
darf man Schmul nicht mehr bemerken!"
Bauz! Schon bin ich Unperson
in jeder neuen Edition!
MAX UND MORITZ *(eingreifend)*:
Jetzt, ihr werten Herrn und Damen,
marsch zurück in eure Rahmen,
bis zu nächster Mitternacht
ihr zum Leben neu erwacht!
Schluss jetzt mit Fisematenten
denn schon kommen zwei Klienten!

*Der kleine Prinz und sein Fuchs haben die Ausstellung
betreten.*

PRINZ:

Am liebsten sind auf diesem Stern
mir Max und Moritz, diese beiden.

FUCHS *(beiseite)*:

Ein echter Frankenprinz mag keine Fritzen leiden,
doch ihre Comics liest er gern.

SCHMUL:

Bin ich Busch feind wegen seinen Beitrag?
Er hat halt gebracht, was in seiner Zeit lag.
Auch hab ich doch als Erster gewusst,
warum er Max und Moritz so machen gemusst,
die Story von seine zwei Beesewichten,
die erste und beste von seine Geschichten.
Weil sie eben, wie nachher all die Gestalten,
nix von Gefiehl und von Liebe halten,
sondern nur Bosheit und Ressentimang,
aber das wissense ja bestimmt schon lang.
Ja, scheen guten Tag, Herr Fuchs und Herr Prinz.
Ob die Bengel noch ansprechbar sind? Se sind's.
Nu kommt schon, ihr zwei, und macht euch den
Jux
und redt mit Herrn Prinzen und Herrn Fuchs.
Erklärt ihnen erst mal, wie man überlebt.
Auch wenn das Herz nie vor Liebe erbebt,
sondern bloß Seelenfreundschaften hat,
sozusagen statt Musik nur e Notenblatt.

PRINZ:

So gebt an, ihr Kunstfiguren,

wie man trotzdem zu den puren
Brunnen durchstößt, jenen Stellen
wo die Lebenssäfte quellen?

MAX:

Tja, was hat der Lieblingsdichter
außer seinem Hundsgelichter,
Maler Klecksel, Fipps dem Affen,
Plisch und Plum und andern Laffen
was hat er, so muss man fragen
euch noch überdies zu sagen?
Weh, da kommt nichts Gutes raus,
denn die Wahrheit ist ein Graus.
Ach, der Zeichner solcher Übler
ist zuletzt ein armer Grübler,
welche Rache-Arien singt,
weil er selbst sich fühlt gelinkt
und betrogen um das Beste
bei dem Lebensfreudenfeste.
Ja, der ausgemachte Spötter
ist in Wirklichkeit ein Vetter
von dem traurigsten der Denker,
aller Wonnen tristem Henker,
dennoch schier unwiderstehlich:
Arthur Schopenhauer selig.

MORITZ *(übernehmend)*:

Schrieb er nicht, hier dem Verstorb'nen
folgend, dass „die unverdorbnen
Menschen, welche der Natur
nahe stünden, dass sie nur
bös sein könnten von Charakter.

78

Und als Erstes der Kalfakter
den man arglos Kind benennt,
doch im Ansatz Delinquent!
Würde man einmal betrachten
so ein Kind beim Schweineschlachten,
wie die Äuglein lüstern blitzen
wie die Nasenspitzen schwitzen,
Wollust, Grausamkeit, Tortur
und von Mitleid keine Spur!
Ja, der böse Dämon ist
der gesündere Darwinist,
sorgt für stärkeren Lebensdrang
und für längeren Lebensstrang.
Gute Kinder sterben eher,
böse sind hingegen zäher."
Also predigt Vitalismus
(nicht zu reden von Sadismus)
er, der sonst in aller Stille
malt die ländliche Idylle,
Kühlein, Kälber, Schäfchen viele
in dem gängigen Lenbach-Stile.

PRINZ:

Danke vielmals, jedoch scheint mir
das zu negativ gemeint hier.
Max, nun tritt heran und sprich:
seid ihr nicht auch das Über-Ich
von diesem bittern Pioniere
aller Comics, Disney-Tiere,
Surrealen, Futuristen,
Op- und Pop-Art und Tachisten?

Und damit die Projektionen
tief verdrängter Obsessionen:
seine Rache-Phantasie
an dem Reich der Prüderie,
das er witzig bringt zum Kuschen,
mittels Tinte, Farb und Tuschen?
Kurz, ein Weg zu Nutz und Frommen
aller, die schlechtweggekommen?

MAX:

Ganz gewiss, rein psychologisch
ist das alles furchtbar logisch.
Doch ist mir von je zuwider
deutscher Tiefsinn wenn zu bieder.
Lieber seh ich es politisch
oder auch gesellschaftskritisch.
Hier eine Philosophie der Bosheit
gegen Ahnenstolz und Großheit.
Wider wildes Säbelrasseln
setzt er seine Münchner G'spasseln,
gegen Thron und Hohenzollern
lässt er Witwe Bolte bollern.
Immer ist das Kleine siegreich
gegen das geplante Krieg-Reich.
Dennoch durchaus amüsant,
was so rar in deutschem Land.

MORITZ *(übernehmend)*:

Drum belohnt Papas Gelächter
stets die bösen Pflicht-Verächter,
gilt sein *Spott* den jeweils Schwächern,
seine *Neigung* den Verbrechern,

also uns. Auch wenn wir's hassen
wie er uns hat enden lassen,
ausgeflippt und ungeschickt
und von Hühnern aufgepickt.
Dies vom ganzen Buch der Knüller,
aber wart nur, Meister Müller!
Bleibt als Moral von all den Sachen:
Wer nicht lieben kann, muss lachen,
eine goldene Lebensregel
für die Dichter und die Flegel.
Doch schon ist es Mitternacht,
Leute, alles aufgewacht!

*Große Pantomime: Die Bilder der Ausstellung begin-
nen sich in ihren Rahmen zu rühren. Auf den idylli-
schen Landschaften im Lenbach-Stil muhen die Kühlein, blöken die Schäfchen, bellen die Hunderln, tanzen
die Hirtinnen Be-Bop. Die Figuren der Bilderpossen
ergehen sich in manische Betriebsamkeit: Witwe Bolte
stopft ihre Hähnchen in den Mikroherd, Schneider
Böck rasselt an seiner Nähmaschine made in China,
Onkel Fritze besprüht sein Federbett mit Insekten-
spray, Lehrer Lämpel dreht sich einen Joint, Meister
Müller, Obmann des Heimatvereins ‚Alte Mühle‘,
führt Touristen durch seine Mahlkammern und sam-
melt Trinkgelder ein, Max und Moritz ihrerseits holen
ihre PC's und machen sich an die Arbeit.*

MORITZ:
So, nun geht's nach dieser Lache

weiter zur geplanten Rache.
Max, jetzt komm noch mal zurück,
zeig den zwei dein Lieblingsstück
mit dem Apfel auf dem Deck,
welches ist dein Lebenszweck.
Und du bist der mit dem Köppchen,
also drück die richtigen Knöppchen,
zappe einmal durch und deale
uns die besten Videospiele.
Klick die Tasten, schieb die Maus…
Halt! Da ist ja schon das Haus,
unseres Müllers mit dem Trichter,
ganz so, wie ihn schuf der Dichter.
So, der Mann der uns zermahlen
muss es teuer nun bezahlen.
Ricke racke, ganz gemeine
sägt der Max die Mühlenbeine.
Jetzt noch einen Druck der Tasten
und schon fällt der ganze Kasten,
samt dem Müller und Gesell,
leider bleibt es virtuell.
Noch ein Klick, es ist vollbracht.
Müller, Müller, gute Nacht!

FUCHS:

Danke für das Intermezzo,
aber wie geht's weiter jetzo?

PRINZ:

Denn wozu auch unsre Reisen
zu so vielen Lebenskreisen,
teils in Prosa, teils in Reimen,

82

wenn am Ende die geheimen
Dinge reichlich überwiegen
und der Rest bleibt uns verschwiegen?

MAX:

Ja, ich hab mich schon gekugelt,
denn wir haben euch gegoogelt,
eure Sternen-Exkursion
auf der Suche nach Lektion.
Und ihr habt nicht schlecht gefragt,
wenn auch nicht genug gewagt.
König, Reicher, eitler Stutzer,
Weichensteller, Lampenputzer,
Hamlet, Alice, Romeo
und Schneewittchen sowieso.
Alle haben sich verraten,
teils in Worten, teils in Taten,
weil ein kindliches Gemüt
Würmer aus der Nase zieht.

PRINZ:

Und wie steht das, darf ich fragen,
mit noch unerspähten Tagen?
Wenn der Frager nicht mehr Kind?
Nicht mehr schuldlos, wie der Schmetter-
ling und Blütenblätter,
sondern selbst ein Labyrinth?
Also: lohnt es sich zuletzt
zu entgleiten in das Große
einem nach dem andern Schoße,
sollt ich bleiben nicht wie jetzt?

MAX:

Tschuldigung, da muss ich passen.

MORITZ:

Besser, man bleibt ganz gelassen,
wer wird gleich das Handtuch werfen?
Lasst mich nur ein bisschen surfen …
Wachsen heißt, sich offen halten
für die Vielheit der Gestalten
die sich lockend in uns rühren,
sich uns zu amalgamieren.
Wachsen heißt, die Fragen nennen,
auf die keiner Auskunft weiß,
doch die Frage ist das Gleis
und das Ziel ist nicht zu kennen.
Dies besagt das große Kant-Wort:
Jede Frage ist schon Antwort!
Bleibt denn immer bei den Fragen,
weiter hab ich nichts zu sagen …
Doch da seh ich, dass der Maxe
stets mit mir in Parallaxe
(oder ist das Parallele)
meint, dass er sich nun empfehle.

MAX:

Ja, wozu durch Jeremiaden
dem Verkauf des Buches schaden,
das durch ganz Europa tingeln
und Verlegerkassen klingeln
lässt, wenn auch jetzt ohne
Schmul, einst die Verkaufskanone.
Also müssen wir zwei Knaben

weiter unsre Späße haben,
denn was sonst bringt euch Genuss
als was man nicht leiden muss.
Nur was er nicht braucht zu wagen
liest der Leser mit Behagen.
Dies denn unsere Rezeptur
zum Erfolg in Lit'ratur.
Und damit nun Schluss, mein Guter.
Denn jetzt sperr ich den Computer,
obenauf das halbe Äpfel-
chen, doch fällt zum Scheiden
mir ein Tipp ein zu euch beiden.
Frag doch mal den kleinen Zäpfel-
Kern, den hölzernen Hallodri,
den Pinocchio von Collodi
ob auf seinem Nebenstern
geht's vielleicht zum Lebenskern
dieser irdischen Klamotte?
Und nun endlich: buona notte!

Pinocchio

Die Schreinerwerkstatt von Meister Gepetto. Auf dem Kamin ein Leuchtkäfer, mit Brille, langem Gelehrten-rock und Pfeife.

LEUCHTKÄFER *(zu uns)*: Carlo Lorenzini, schon mal gehört? Na ja, als Autor nannte er sich dann Collodi. Ich bin der sprechende Leuchtkäfer, eine von seinen Gestalten in dem Kinderroman ‚Die Geschichte einer Holzpuppe‘. Als ‚Pinocchio‘ ging das Buch dann um die Welt und wurde in hundert Sprachen übersetzt. Nicht ganz so viel wie der ‚Kleine Prinz‘, der es auf 240 Sprachen brachte, aber immerhin. Beide handeln von kleinen Jungen unbestimmter Herkunft, die sich mit der Welt der Erwachsenen herumschlagen, ein ewiges Thema. Der kleine Prinz hat seinen Fuchs. Pinocchio hat einen Leuchtkäfer. Soll der kleine Prinz ein Mensch werden, Lust und Liebe kennenlernen? Will er es? Was Pinocchio betrifft, so wird er im Original zuletzt zu einem braven Menschenknaben. In der deutschen Fassung, wenigstens der ersten, in der er sich ‚Zäpfel-Kern‘ nannte, zieht er es allerdings vor, ein Kasperle aus Holz zu bleiben. Die Deutschen haben nun einmal diese Schwäche für den Wald und das Hinterwäldlerische. Und jetzt, wenn Sie erlauben…

Man sieht Meister Gepetto an einem länglichen Stück Holz schnitzen.

LEUCHTKÄFER: Es war einmal ein Stück Tannenholz. Aus dem wollte Meister Gepetto ein Tischbein schnitzen. Das Holzscheit aber wollte überhaupt kein Tischbein werden, sondern ein Bengel namens Pinocchio.

GEPETTO: Was haben wir denn da für ein Gesicht? Wer hat schon einmal ein Tischbein gesehen mit einer solchen Visage? Und dazu noch die ungeheure Nase! Die werde ich erst mal kleinsäbeln!

PINOCCHIO: Au!

LEUCHTKÄFER: Ich selbst bin also ein Leuchtkäfer, der alles mit ansieht und beleuchtet. In der deutschen Fassung heiße ich Professor Doktor Leuchtkäfer. Im Original hat der Autor den Titel nicht für so notwendig befunden.

PINOCCHIO: Jetzt die Beine, Meister, aber dalli!

LEUCHTKÄFER: Immer dieser Drang der Natur zur Existenz!

PINOCCHIO: Quatscht du immer noch?

LEUCHTKÄFER: Dazu bin ich da. Ich werde dir jederzeit die Wahrheit sagen, auch wenn es wehtut.

PINOCCHIO: Oberfauler Intellektueller!

LEUCHTKÄFER: Holzkopf!

PINOCCHIO *(aufspringend)*: Sag das nicht noch mal!

LEUCHTKÄFER: Holzkopf!

Pinocchio nimmt Meister Gepettos Hammer und wirft ihn gezielt nach dem Leuchtkäfer. Von diesem bleibt zunächst nichts als ein leuchtender Fleck an der

Wand. Dieser verwandelt sich dann langsam zurück zu einem Leuchtkäfer.

PINOCCHIO: So, und jetzt, nach getaner Arbeit, habe ich Hunger.

GEPETTO: Es gibt aber nichts im Haus als diese drei Äpfel.

PINOCCHIO: Dann schäl sie mir.

GEPETTO: Gut, schälen.

PINOCCHIO: Und den Butz esse ich auch nicht.

GEPETTO: Gut, dann esse ich eben alles selber.

PINOCCHIO: Ach, eine einzige Schale wird mir nicht schaden. *(Schlingt Schalen und Kerne mit größter Geschwindigkeit herunter.)*

GEPETTO: Und jetzt ist es Zeit, in die Schule zu gehen.

PINOCCHIO: Was ist denn das für ein Ding?

GEPETTO: Es ist da, wo du etwas lernen kannst. Hier ist ein Geldstück. Damit kaufst du dir ein ABC-Buch, und dann trägst du das in die Schule.

PINOCCHIO: Ich will aber nichts lernen. Ich weiß ohnehin schon genug. *(Er läuft hinaus.)*

Freies Feld. Darauf ein Wegweiser mit der Aufschrift ,Schlaraffenland'. Der kleine Prinz und der Fuchs kommen den Weg entlang.

FUCHS: Hier liegt also das Schlaraffenland?

PRINZ: Ja. Nur auf der Kehrseite steht leider angeschrieben: ,Räuberland'.

FUCHS: Welches ist nun das echte?

PRINZ: Wahrscheinlich identisch, wie üblich. Aber

hier kommen zwei Wanderer. Wir könnten sie ja danach befragen.

FUCHS: Ja. Nur der eine ist anscheinend eine augenkranke Katze, und ich schätze Katzen gar nicht. Und der andere ein gehbehinderter Fuchs, und wozu brauche ich Konkurrenz? Ich denke, ich verdrücke mich einstweilen in diese Höhle.

PINOCCHIO *(kommt atemlos)*: Ich muss in die falsche Richtung gerannt sein, denn wo bekomme ich hier ein ABC-Buch?

FUCHS ALOPEX *(zu Pinocchio)*: Armer junger Mann. Lassen Sie sich mein Schicksal zur Warnung dienen. Auch ich war von feuriger Liebe zum Studium erfüllt, und was war die Folge? Ich habe mich fast lahm studiert. Übrigens ist mein Name Baron Alopex.

KATZE MIAULA: Und ich bin Gräfin Miaula und bin halbblind vom Lernen geworden. Jetzt sind wir auf Gelegenheitsarbeit angewiesen.

PINOCCHIO: Wie gern würde ich Ihnen aushelfen, aber ich habe nur dieses einzige kleine Geldstück.

ALOPEX: Wir können Ihnen aber einen Trick zeigen, wie Sie aus einem Geldstück hundert, nein, tausend machen.

MIAULA: Wir kennen da nämlich eine Stelle, wo man das Geld nur in den Boden vergraben muss und reichlich nachgießen. Und am nächsten Morgen ist daraus ein Baum gewachsen voller Geldstücke. Die kann man dann herunterschütteln wie reife Äpfel.

Sie brauchen uns nur zu folgen. (*Sie eilen voraus, ohne im Geringsten behindert zu sein.*)

PINOCCHIO: Aber so warten Sie doch! (*Er läuft ihnen nach und vergräbt sein Geldstück.*)

LEUCHTKÄFER: Pinocchio, hör auf mich. Ich will dir einen Rat geben.

PINOCCHIO: Brauch keinen.

LEUCHTKÄFER: Trau nie falschen Freunden.

PINOCCHIO: Ich weiß schon am besten, was ich zu tun habe, Herr Professor Doktor.

LEUCHTKÄFER: Dann kann ich mich ja ebenso gut auslöschen. Also bis morgen früh! (*Er verlischt.*)

Dann am nächsten Morgen.

PINOCCHIO (*kommt, beginnt zu graben. Gräbt immer tiefer. Nichts*): Mein Geld! Mein Geld ist fu-hu-hutsch! (*Begießt das Loch mit seinen Tränen. Der kleine Prinz und sein Fuchs kommen.*)

PRINZ: Wo ist denn dein Geldstück geblieben?

PINOCCHIO: Von welchem Geldstück ist da die Rede?

FUCHS: Natürlich das von deinem Papa, für ein ABC-Buch.

PINOCCHIO: Ich wüsste nicht, dass er mir dafür Geld gegeben hätte.

PRINZ: Wirklich nicht?

PINOCCHIO: Wollen Sie damit andeuten, dass ich ein Lügner bin?

Seine Nase beginnt auf einmal, ins Unermessliche zu wachsen.

FUCHS: Da haben wir's.

PINOCCHIO *(gegen einen Baum rennend)*: Das ist nicht zum Aushalten! Ich spieße mich ja selber auf!
Der Leuchtkäfer erscheint.
PINOCCHIO: Da sind Sie endlich! Zeit wär's.
LEUCHTKÄFER: Zeit wozu?
PINOCCHIO: Um mir zu helfen, was denn sonst. Dumme Frage.
LEUCHTKÄFER: Einem Kasperle, das lügt, kann ich aber nicht helfen.
PINOCCHIO: Dann will ich eben nie mehr lügen!
LEUCHTKÄFER: Ab wann?
PINOCCHIO: Sagen wir, ab morgen. Oder übermorgen.
LEUCHTKÄFER: Dann komme ich übermorgen wieder.
PINOCCHIO: Also von jetzt an. Ehrenwort!
LEUCHTKÄFER: Meinst du das im Ernst?
PINOCCHIO: So ernst, wie ein Spaßvogel nur sein kann!
LEUCHTKÄFER: Dann ist deine Nase wieder, wie sie war. Ist immer noch lang genug.
PINOCCHIO *(seine Nase befühlend)*: Schönen Dank. Aber so arg schlimm war meine Lüge doch gar nicht, oder?
PRINZ: Kommt immer darauf an, wen man belügt.
PINOCCHIO: Also dass ich Sie belüge, ist schlimmer, als wenn ich, sagen wir, Ihren Fuchs belüge?
PRINZ: Sicher. Weil es doch offensichtlich ist, dass mein Fuchs jede Lüge durchschaut. Während ich ... *(er seufzt)*.

PINOCCHIO: Wieso? Sie fallen auf jede herein?

PRINZ: Ich glaube, das hat damit zu tun, dass ich alle diese Figuren eher kurios finde als böse. Aber vielleicht lerne ich noch zu.

PINOCCHIO: Und welche sind die schlimmsten Lügen?

PRINZ: Wahrscheinlich die, mit denen man sich persönlich belügt.

PINOCCHIO: Warum?

PRINZ: Weil das die einzigen sind, die man nie selber durchschauen lernt.

PINOCCHIO: Das ist mir zu tief. Also gehe ich jetzt erst einmal zur Polizei, um diese Schurken Alopex und Miaula anzuzeigen.

Im Polizeirevier.

WACHTMEISTER *(eine Bulldogge)*: Was will er?

PINOCCHIO: Mein Recht! Gegen Baron Alopex und Gräfin Miaula!

WACHTMEISTER: Preise er sich glücklich, mit so vornehmen Personen Bekanntschaft zu haben.

PINOCCHIO: Ich verlange, dass die Betrüger bestraft werden.

WACHTMEISTER: Einen Monat!

PINOCCHIO: Ich verlange, dass sie gehängt werden!

WACHTMEISTER: Zwei Monate!

PINOCCHIO: Und ich will mein Geld wieder haben!

WACHTMEISTER: Noch was?

PINOCCHIO: Weiter verlange ich nichts.

WACHTMEISTER: Macht also zusammen vier Monate.

(Drückt einen Knopf) Abführen und ins Loch wegen Beleidigung hochgestellter Persönlichkeiten!

Dann nachts, vor einem Garten.

PINOCCHIO: In diesem Gefängnis konnte man ja zu Tode hungern. Und wo bekomme ich jetzt etwas zu essen her? Ah, dort drüben im Garten steht ein Apfelbaum. Da werde ich jetzt etwas mausern – ich meine mardern. Au krack! *(Er sitzt in einem Fußeisen fest, das der Bauer gegen Marder aufgestellt hat.)* Hilfe! Hilfe! Professore! Wo bleiben Sie denn, zum Teufel?

LEUCHTKÄFER *(kommt und leuchtet)*: Ja, ja, es ist immer leichter, einen Ort zu beleuchten als einen Kopf.

PINOCCHIO: Machen Sie keine dummen Sprüche, sondern helfen Sie mir!

LEUCHTKÄFER: Warum sollte ich?

PINOCCHIO: Weil ich jetzt endgültig auf dem Weg zu meinem Papa bin. Und Sie wollen doch nicht, dass mein Papa aus Sehnsucht nach mir sterben muss?

LEUCHTKÄFER: Und du wirst nie mehr stehlen?

PINOCCHIO: Literarischen Diebstahl ausgenommen. Denn ich soll ja mein Leben aufschreiben, und ich kann immer noch nicht richtig buchstabieren. Also muss ich es mir von Herrn Collodi abkupfern.

LEUCHTKÄFER: Ob es aber auch reicht für ein Buch?

PINOCCHIO: Jedenfalls habe ich noch einige Kapitelchen zu erleben. Wissen Sie denn zufällig, wie ich hier zum Meer komme?

LEUCHTKÄFER: Warum zum Meer?

PINOCCHIO: Sie verstehen auch rein gar nichts. Weil dort mein Papa jetzt als Schiffszimmermann tätig ist. Hoffentlich ist ihm auch nichts zugestoßen.

Eine Bucht am Meeresufer. Dort auf einer Düne der kleine Prinz und sein Fuchs. Alopex und Miaula kommen gehumpelt, jetzt zu Bettlern herabgesunken. Alopex stützt sich auf eine Krücke, Miaula trägt schwarze Blindenbrille.

MIAULA: Zwei arme, ausgesteuerte Arbeitslose bitten um eine kleine Unterstützung.

FUCHS: Betrügern geben wir nichts.

ALOPEX *(zum Fuchs)*: Sie als artverwandter Rassegenosse müssten doch Verständnis haben für einen alten Kameraden, der durch widrige Zeitumstände…

LEUCHTKÄFER *(kommt herangeschwirrt, zeigt aufs Meer)*: Dort schwimmt er!

PRINZ: Wer?

LEUCHTKÄFER: Pinocchio! Am Rücken dieses Delfins. Ich glaube, er sucht seinen verschwundenen Papa.

PRINZ: Wohin ist denn sein Papa verschwunden?

LEUCHTKÄFER: Ohne Zweifel hat ihn ein Wal verschlungen mitsamt seinem Schiff.

PRINZ: Sie meinen, Pinocchio riskiert sein Leben, um seinem Papa zu helfen? Dieses Kasperle hat menschliche Gefühle?

LEUCHTKÄFER: Man sollte nie die Gefühle eines andern unterschätzen.

FUCHS: Schon gut.

LEUCHTKÄFER *(dozierend)*: Ebenso wenig wie sich selber überschätzen.

FUCHS: Absolut nicht mein Problem.

PINOCCHIO: Hilfe! Hilfe! Der Wal! *(Er und der Delfin werden von dem Wal aufgesogen.)*

ALOPEX: Ja ja. Hätte er bloß auf uns gehört, er könnte jetzt reich und sorgenfrei leben. Aber das ist der Dank der Welt. *(Verschwindet mit Madame Miaula.)*

Dann im Innern des Wals.

PINOCCHIO: Was ist denn das? Gibt's hier keine Straßenbeleuchtung?

LEUCHTKÄFER: Ich bin da. Aber ewig hält auch mein Vorrat an Leuchtspur nicht vor. Also beeile dich.

PINOCCHIO: Wo ist denn mein Papa?

DELFIN: Im Bauch dieses Ungetüms. Nun kann ich entweder mit dir durch den Rachen des Wals wieder hinaus ins Freie schwimmen. Oder du lässt dich tief ins Innere saugen, wo dein Papa haust. Aber dann gibt es keine Sicherheit, dass ihr nicht demnächst mit den anderen Fischen verdaut werdet.

PINOCCHIO: So will ich mit meinem guten Papa, der mich einst geschnitzt hat, leben und sterben!

FUCHS *(zum kleinen Prinzen)*: Man ist doch nie sicher vor Überraschungen.

Alle werden mit dem nächsten Atemzug des Wals ins

Innere geschwemmt. Dort findet Pinocchio seinen Vater Gepetto, jetzt ein Greis mit langem weißem Bart, in einer kleinen Kajüte beim Schein einer Kerze. Er umarmt ihn.

PINOCCHIO: Aber wie ist es dir denn gelungen, so lang zu überleben, Papa?

GEPETTO: Ich konnte mich in die Kajüte retten, und lebe von den Vorräten, die ich hier fand. Diese allerdings gehen jetzt zur Neige. Es bleibt mir nichts mehr als eine Handvoll Äpfel.

PINOCCHIO: Haben Sie eine Idee, Professore?

LEUCHTKÄFER: Kann sein, aber darüber wollen wir später nachdenken. Einstweilen musst du dich entscheiden: Willst du als Kasperle hinaus oder als Menschenjunges.

PINOCCHIO: Sie meinen, ich habe die Wahl?

LEUCHTKÄFER: Nur dieses eine Mal.

PINOCCHIO: Als Kasperle habe ich mich bisher immer durchschlagen können. Aber als Mensch? Womit soll ich dann mein Leben verdienen? Und meinen Papa erhalten?

PRINZ: Du könntest vielleicht Clown werden im Zirkus?

PINOCCHIO: Ein Spaßmacher? Aber dazu bin ich ja nicht traurig genug.

FUCHS: Oder Lehrer in einer Schule?

PINOCCHIO: Dazu liebe ich Kinder zu sehr.

PRINZ: Oder Autor?

PINOCCHIO: Dafür habe ich doch nicht genügend Phantasie.

PRINZ: Auch mein Papa hat hauptsächlich über das geschrieben, was er erlebte.

PINOCCHIO: Lässt sich denn gleichzeitig etwas erleben und aufschreiben?

PRINZ: Ich glaube, das geht nur schwer. Man kann immer nur auf Distanz gut schreiben. Es sind zwei verschiedene Gemütszustände.

PINOCCHIO: Und was, wenn ich schlecht schreibe?

PRINZ: Dann wird es wahrscheinlich ein Erfolg.

PINOCCHIO: Bekomme ich dann Geld dafür?

PRINZ: Viel wird es meistens nicht sein. Man macht es für die Ehre.

PINOCCHIO: Kann man von der Ehre leben?

LEUCHTKÄFER: Nun ja, nicht sehr lange.

PINOCCHIO: Wie lang ungefähr?

LEUCHTKÄFER: Ein Jahr muss es reichen. Bis zur nächsten Buchmesse.

PINOCCHIO: Und dann?

PRINZ: Dann musst du eben etwas Neues schreiben.

PINOCCHIO: Aber da ich ja nichts erfinden kann, muss ich es vorher erleben, nicht wahr? Auf diese Art komme ich nie zur Ruhe!

PRINZ: Ja, das ist die sogenannte schöpferische Unruhe.

PINOCCHIO: Werde ich dadurch glücklich?

PRINZ: Nur wenn das schon immer dein geheimer Schatz war.

PINOCCHIO: Was denn?

PRINZ: In der Phantasie leben so sehr wie in der Realität.

PINOCCHIO: Das ist mir zu hoch.

PRINZ: Tja, mein Pilot hat immer gesagt: Glück ist nichts als die Erfüllung eines Kindertraumes. Darum macht auch Geld nicht wirklich glücklich. Geld ist kein Kindertraum. Aber Phantasie ist es.

PINOCCHIO: Kann ich nicht lernen, wie man glücklich wird?

PRINZ: Ich denke, das ist so ziemlich unsere Hauptaufgabe im Leben.

PINOCCHIO: Haben Sie es geschafft?

PRINZ: Eigentlich ist es ja an mir, dir Fragen zu stellen.

PINOCCHIO: Ich weiß aber nichts.

PRINZ *(lacht)*: Aber das ist ja der Anfang aller Weisheit!

LEUCHTKÄFER: Also jetzt die Entscheidung! Kasperle oder Knabe?

PINOCCHIO: Wo ist der Unterschied?

PRINZ: Ich denke, der Hauptunterschied ist, dass man als Menschenkind altert. Also versteht man heute mehr als gestern. Dagegen hast du als Kasperle mehr unbedarften Spaß, was auch nicht schlecht ist. Aber deine Möglichkeiten, etwas zu kapieren, bleiben beschränkt.

PINOCCHIO *(mit plötzlichem Einfall)*: Ich weiß was. Ich gründe eine GmbH. Eine Spaßgesellschaft mit beschränkter Haftung. Da sind dann alle beschränkt!

FUCHS: Richtig. Nur haftet dann keiner mehr für irgendwas.

PRINZ: Da fällt mir noch etwas ein. Wenn du alles so beschreibst, wie es war, dann musst du ja auch deine Dummheit beschreiben?

PINOCCHIO: Warum? Ich kann mich doch gescheiter darstellen, als ich bin?

PRINZ: Die Leute wollen aber grundsätzlich nicht von Leuten lesen, die gescheiter sind als sie.

PINOCCHIO: Warum nicht? Da könnten sie doch was lernen.

PRINZ: Ja, aber dann müssten sie sich ja eingestehen, wie dumm sie gewesen sind. Und wer will das schon?

PINOCCHIO: Also brauche ich mich bloß so darzustellen, wie ich bin?

LEUCHTKÄFER: Genau. Deswegen darf auch deine ganze Frechheit nicht aus dem Buch verschwinden.

PINOCCHIO: Auch das, wo ich mit dem Hammer auf Sie gezielt habe?

LEUCHTKÄFER: Das besonders. Das wirft ja ein Schlaglicht auf... Aber apropos Licht: Ich bemerke da soeben, dass meine Leuchtspur zu versiegen beginnt. Ich muss dringend aufladen.

PINOCCHIO: Also gut. Dann überlasse ich eben die Entscheidung Herrn Collodi. Oder meinen zukünftigen Bearbeitern.

PRINZ (*zieht an seiner Haarlocke wie üblich*): Schade. Ich hatte gehofft, du könntest die Wahl auch für mich treffen.

LEUCHTKÄFER: Aber keiner kann ja eine Wahl für

den andern treffen. Das ist es gerade, was die Menschenwelt so grausam macht. Und so großartig.

PINOCCHIO: Jetzt hören Sie bitte auf mit Ihren Sprüchen, Professore. Und sagen Sie uns lieber, wie wir hier alle herauskommen.

LEUCHTKÄFER: Dies ist ein Walfänger, nicht wahr. Also trägt er eine Kanone für Harpunen.

GEPETTO: Ja, aber Harpunen konnte ich keine finden.

PRINZ: Dann nehmen wir eben diese Äpfel und schießen ein Loch in unser Gefängnis!

LEUCHTKÄFER *(sentenziös)*: Richtig. Mit den Äpfeln der Erkenntnis in die Freiheit des Denkens! Wenn ich da hoffentlich nicht meine Metaphern durcheinander bringe.

PINOCCHIO: Jetzt fehlt uns allerdings noch eine Lunte, für den Funken.

LEUCHTKÄFER: Für Funken bin ich zuständig. Solange mir nur nicht der letzte Strom ausgeht. *(Er lädt die Kanone und schießt.)*

PINOCCHIO *(sich die Ohren zuhaltend)*: Brechen denn diese Aufregungen nie ab?

PRINZ: Das kommt davon, dass du kein Tischbein werden wolltest, sondern ein Autor.

PINOCCHIO: Dann also los! Stütze dich auf mich, Papa.

Es geschieht wie geplant, und auf dem Rücken des Delfins schwimmen sie alle ins Freie.

PINOCCHIO *(zum Delfin)*: Aber wohin bringen Sie

uns denn da? Dies ist ja gar nicht das Meer. Sieht eher nach einem breiten Fluss aus.

LEUCHTKÄFER: Dafür fließen dann bestimmt auch die Gedanken.

Ein Paddeldampfer schippert vorüber. Der junge Lotse wirft sein Senkblei aus.

Tom Sawyer
und Huckleberry Finn

Am Ufer des Mississippi. Mark Twain tritt auf, in seinem üblichen weißen Anzug, weißhaarig und mit weißgewordenem Schnauzbart.

TWAIN: Mein Name ist Twain – Mark Twain. Wenigstens behaupte ich das. Ich bin nicht ein Amerikaner, sondern *der* Amerikaner - wenigstens behaupte ich das. In Indien haben sie mir gesagt, es gibt nur drei Dinge, die man dort von Amerika kennt: die Freiheitsstatue – Wall Street – und Mark Twain. Ich bin ein Geschichtenerzähler – und besonders gern vom Mississippi hier *(weist hin)*. Natürlich muss ich die Dinge so darstellen, dass Leute, die mich sonst aufhängen würden, glauben, dass ich Witze mache, Sie verstehen. So erzähle ich hier von zwei widerlichen Knaben, die man zutiefst verabscheuen müsste, wenn ich sie nicht so lebensecht gezeichnet hätte: Tom Sawyer, das bin ich selber so in etwa, leider. Huckleberry Finn, das ist unser aller Idol, wenn wir ehrlich sind: Verkommen, zerlumpt, ruppig, ein Paria... aber frei, frei! Macht was er will, auch wenn ihn alle dafür zur Hölle wünschen. So versucht er hier, gegen Toms Willen, den Sklaven Jim illegal in die Freiheit zu bugsieren, eine haarige Sache. Wissen Sie, dass in meiner kleinen Stadt Hannibal die Hälfte aller Leute Sklaven besitzen? Hindert sie natürlich nicht daran, sonntags in der Kirche Hymnen zu singen. Nicht von mir stammt übrigens dieser kleine Prinz, der auch auftaucht. Die wirklich Guten, das ist nicht so mein Fach, Sie verstehen. Aber wie man sich durchringt zum Verständnis, oder zum Lieben meinetwegen, das ja.

Off, das langgezogene Heulen eines Dampfers. Am Ufer ein Floß, das von Tom und Huck beladen wird.

TOM: Was haben wir denn für Proviant, Huck?

HUCK: Das ist alles, was ich hab klauen können. *(Er lädt ein Fässchen auf.)*

TOM *(enttäuscht)*: Äppel? Nix wie Äppel? Hab ich kein Zahn nich drauf.

HUCK: Wird schon kommen, Tom.

TOM: Wo is'n Jim, dein verfluchter Nigger, was uns wird Kopp und Kragen kosten?

HUCK *weist mit der Hand auf Jim, der gerade versteckt an Bord klettert.*

TOM *(immer in der Kindersprache, in der man weltweit mit Migranten redet)*: Das sein du, Jim?

JIM: Yes, Sir, Massa. Mich gottverdammter Niggersklav Jim, kein Nachname, 17 Jahre. Ihr mich frei machen, Jim euch ewig dankbar, euch dienen gratis, yes sirree, Bob.

TOM: O Gott, ist das soviel Sprache, wie der versteht? Du haben wenigstens was zum Futtern mit, Nigger, für die Reise?

JIM: Nee, Massa, aber hier, schau. *(Holt Banjo vor, das er hinter dem Rücken trug. Spielt ,Oh Susanna'.)*

TOM: Prima Idee! Mach alle Leut auf uns aufmerksam in ganz Hannibal! Also los, Huck. Je eher wir uns hier verdünnen mit diesem Halbaffen, desto besser, schätz ich. *(Sie machen das Floß los, das sogleich in den Strom driftet.)* Du könn steuern, Nigger?

JIM: Nee, Massa. Mich nur Cotton pflücken und Banjo spielen, sonst nix.

TOM: Igitt, kann ja schön werden. *(Zu Huck)* Was haste denn für Plan? Den Strom können wir nur abwärts driften, wir sind ja kein Dampfer nich. Und abwärts is ja die gottverdammte Hölle für entlaufene Sklaven. Die hängen dich an den nächsten Baum, oder was.

HUCK: Is mir schon klar. Und aus toten Leichen, da mach ich mir gar nix. Nee, wir schwimmen runter den Old Man River nur bis Cairo. Und dann in Cairo wir nehmen den Ohio in den Osten, da wo frei is für Schwarze.

Man hört das schrille Tuten eines Dampfers.

TOM: Meine Fresse, da is er schon wieder!

HUCK: Heckschaufler oder Seitenschaufler?

TOM: Seitenschaufler!

HUCK: Das is er! Der Postdampfer! Der was keine Rücksicht nich nimmt auf Tod oder Leben, solang er nur sein Termin hält. Also nix wie weg! *(Sie steuern beiseite.)*

Auf dem Deck des Dampfers. Er liegt sehr flach, wegen der vielen Sandbänke. Zwei riesige rauchende Schlote ragen rechts und links auf. Dazwischen das Führerhaus mit dem Steuerrad. Vorne der Flusslotse mit seinem Senkblei.

KAPITÄN *(zum Lotsen rufend)*: Angabe Tiefe!

LOTSE *(ein junger Mann, holt Senkblei ein)*: Mark one!

KAPITÄN: Was, nur ein Faden?! Da sitzen wir ja praktisch aufm Trocknen! Diese verdammten Sandbänke! Wenn sie wenigstens auf der Stelle bleiben würden, anstatt zu wandern. Angabe Tiefe, Sam!

LOTSE *(Senkblei einholend)*: Mark twain!

KAPITÄN: Zwei Faden, na Gottseidank.

LOTSE: Übrigens heiße ich nicht Sam, sondern Samuel. Samuel Langhorne Clemens, zu Diensten.

KAPITÄN: Guter Gott, so'n großmächtiger Name. Da kleben wir ja alle auf Grund, bevor man den ausgespuckt hat. Also Angabe Tiefe!

LOTSE *(liest ab)*: Mark twain!

KAPITÄN: In Ordnung. *(Zum kleinen Prinzen und Fuchs)* Und Sie? Wo wünschen Sie an Land zu gehen, meine Herren?

PRINZ: In Cairo.

KAPITÄN: Ich dachte, Sie würden uns bis New Orleans beehren, wie die meisten Passagiere. Was haben Sie denn in Cairo verloren, diesem gottverdammten Nest?

PRINZ: Wir haben Freunde dort.

KAPITÄN *(lachend)*: Kann mir schon vorstellen. Die

suchen ja jetzt überall nach diesem verfluchten entlaufenen Nigger. Und Sie, ich nehme an, Sie sind von der Föderalpolizei, mit Ihrem Hund oder was das ist.

Das Floß schwimmt an ihnen vorbei.

AUSGUCK *(auf dem Flussdampfer)*: Cairo voraus!

Dann wieder das Floß, das Tom und Huck im Ufergebüsch vor Cairo festzurren.

TOM *(zu Jim)*: Du jetzt bleiben hier und nix machen Radau oder Musik, o.k.? Wir gehn Cairo mal Lage spannen. Alles paletti?

JIM: O.k., Massa.

TOM: Na, wenigstens das haste kapiert, Nigger. Is ja schon etwas. *(Sie gehen.)*

Eine Straße in Cairo. Eigentlich gibt es nur eine Straße, und diese ist es, eingefasst von einstöckigen Häusern. Tom und Huck gehen sie entlang, sich vorsichtig umschauend. Sie kommen zu dem einzigen Laden des Ortes, Applebaum's Emporium.

HUCK: Wenn wir den Ohio hoch wollen, kannste das nich mit 'nem Floß. Dazu brauchste'n Ruderboot, schätz ich.

TOM: Und wo willste das hernehmen?

HUCK *(achselzuckend)*: Klauen.

TOM: Klauen? Is doch 'ne Todsünde. Äppel, das geht ja noch so durch bei dem da droben. Aber'n Boot? Da kommste zu dem Ort, wo nur die Üblen landen. Und alles für so'n Nigger, was nichmal richtig parlieren kann. Oder Gefühle hat wie'n normaler Mensch.

HUCK: Ich hab's ihm aber versprochen.

TOM: Mit Ehrenwort?

HUCK: Großes Indianer-Ehrenwort.

TOM *(pfeift)*: War vielleicht keine so gute Idee. Was kriegt man denn so Belohnung für'n entlaufenen Sklaven?

HUCK: Hundert, schätz ich.

TOM *(überwältigt)*: Hundert Dollar?!

HUCK: Tom, du willst doch nicht …

TOM: Hab ich gesagt, dass ich will oder was? Quatsch mit Soße! Du legst mir da Dinge in den Mund, wo ich nie im Leben … Also ich soll tot umfallen, wenn ich je … is ja geradezu 'ne Beleidigung! *(Sie gehen weiter.)*

Der kleine Prinz und Fuchs kommen die Straße heran.

FUCHS: Du bist traurig?

PRINZ: Ich weiß nicht, ob ich traurig bin oder nur nachdenklich.

FUCHS: Und woran denkst du?

PRINZ: Ich denke daran, was ich meinem Papa erzählen soll, auf meinem Stern, wo er jetzt auf uns wartet. Wir haben bereits so viele Menschen gesehen, junge Menschen. Aber keiner konnte mir wirklich zeigen, ob es lohnt, auf ihrer Erde zu leben und alles mitzumachen, was da ist.

FUCHS: Dein Papa ist aber entschlossen, zurückzukehren?

PRINZ: Ja, und er gehört auch dahin, trotz Krieg und allem. *(An seiner Haarsträhne ziehend)* Aber ich? Ich weiß ja noch immer nicht, wohin ich gehöre.

FUCHS: Wir haben aber auch noch allerhand vor. Ich muss sagen, ich selbst finde es ganz schön aufregend. Und da kommen schon wieder zwei. Vielleicht wollen sie uns aber die Hühnchen wegkaufen. Besser wir machen dalli-dalli. *(Sie treten in den Laden.)*

TOM *(vor dem Laden, an den Fingern aufzählend)*: Brot – Käse – Speck – *(Denkt nach)* Und wie wär's mit paar Hühnchen?

HUCK *(in seinen Taschen kramend)*: Zwei Nickel, das macht wie viel? Zehn Cents, oder?

TOM: Willst du mir sagen, zehn Cents, das ist alles, was wir besitzen?

HUCK *(entschuldigend)*: Ich muss irgendwo 'n Loch in der Tasche haben.

TOM: Zehn Cents! Und wenn ich mir vorstell, dass wir könnten geile hundert Dollar verdienen.

HUCK: Vielleicht gibt er uns Kredit, der Mister Applebaum, oder was?

TOM: Kredit? So siehste aus.

In Applebaum's Emporium. Der Prinz, sein Fuchs, Tom und Huck auf Fässern und Kisten. Mr. Applebaum hinter dem Ladentisch.

APPLEBAUM: No, was wolln Sie. Die Leit von Cairo sind wie die Leit überall. Die meisten glauben, sie als Weiße sind das Gelbe vom Ei. Und die Farbigen, die kommen in die Höll, deswegen hat Gott sie schon jetzt schwarz gemacht. Und der Rest von uns, der hält die Schnauze, weil man nicht will werden geteert und gefedert als Niggerlovers.

PRINZ: Und Sie, Mister, von wo sind Sie?

APPLEBAUM: Wissen Sie, junger Mann, da wo ich herkomm, in dem alten Land, da waren wir die Nigger, da waren wir die Viecher. Und weil man nicht kennte reden als wie andere Leit, drum hat keiner wollen glauben, dass wir haben a Herz, dass wir können fiehlen als wie andere Leit. Also darf man uns auch umbringen wie die Viecher. Und ihr, ihr seids von wo? Von Hannibal? Wird auch nicht sein so viel anders als wie Cairo, hab ich recht?

HUCK *(mit Entschluss)*: Wir haben auch noch jemand mitgebracht, von Hannibal.

APPLEBAUM: Mitgebracht?

HUCK: 'Nen Schwarzen.

APPLEBAUM: Is er frei? *(Und da Huck den Kopf schüttelt)* A Sklav?

HUCK: Ausgebüxt.

APPLEBAUM: Entflohen? So was will ich gar nicht gehört haben. Ach so, ist das der Jim, von dem hier alle reden? Also was wollt ihr?

HUCK *(aufzählend)*: Unterkunft, Proviant. Ein Ruderboot, um den Ohio hoch bis ins freie Territorium. Kriegen Sie aber alles wieder, Ehrenwort.

APPLEBAUM: Für'n ausgebüxten Nigger? Da wär ich total meschugge!

HUCK: Kommen Sie mit ihm reden. Heut Nacht. *(Zum Prinzen)* Ihr könnt ja auch mit.

TOM *(leise zu Huck)*: Ja, spinnst du? Das alles für'n Niggerkopp, wo wir könnten verscherbeln für 100 Dollar?

Landzunge vor dem Floß. Dort um ein Lagerfeuer Prinz, Fuchs, Tom und Applebaum. Huck kommt mit Jim.

HUCK: Da isser.

TOM: Du jetzt reden, Jim.

JIM *(grinst automatisch)*: Yes, Massa. Mich gottverdammter Niggersklav Jim, 17 Jahre, kein Nachname, yes sirree, Bob.

APPLEBAUM: Wie alt?

JIM: Siebzehn, massa.

APPLEBAUM: Siebzehn. Wie meine… wie meine Jessica, wie man sie hat… wie man sie hat…

JIM *(überraschend)*: Meine auch heißen Jessica.

TOM *(verblüfft)*: Was?

JIM: Meine Mama auch heißen Jessica.

TOM *(er vergisst auf einmal seine Babysprache)*: Deine Mama? Wo ist sie denn?

JIM: Auf Plantage in Louisiana.

TOM: Und du?

JIM: Ja, man hat nicht gebraucht Weibersklav, man hat nur gebraucht Männersklav, in Hannibal. Für Cotton pflücken.

PRINZ: Da hat man euch getrennt?

JIM: Ja, Massa. Die Mama, sie hat geschrie, aber nix

hat geholfen. Is sie gelaufen hinter mir her. Hat man sie gepeitschen.

PRINZ: Was?

JIM: Gepeitschen.

PRINZ: Sie haben sie nicht mehr wiedergesehen?

JIM: Nix versteh.

PRINZ: Du hast sie nicht mehr wiedergesehen?

JIM: Nee, Massa. Hab mich geglaubt muss sterben. Bin aber nix gestorben. Weil in einem fort gedacht an Mama. Dass sie muss wiederseh. Und befrei.

PRINZ: Und deswegen bist du davongelaufen?

JIM: Ja, Massa.

HUCK: Ich denk, du willst in die Freiheit, oder was?

JIM: Ja, aber erst hol Mama. Mama mehr wert als mich doofer Nigger, yes, Sir.

APPLEBAUM: Himmelherrgottsollvergebenmeinesünd! *(Er schnäuzt sich.)*

HUCK *(mit plötzlichem Einfall)*: Sag mal, Jim ...

JIM: Ja, Massa?

HUCK: Jetzt mach mal Pause mit deinem ‚Ja, Massa‘ und so Blödkram. Und rück raus mit der Sprache. Wieso haben wir nur mehr zehn Cents in unserer Kasse, Jim?

JIM: Weil mich hab rausgenommen zwei Dollar neunzig.

HUCK: Richtig. Und wo sind sie, die zwei Dollar neunzig?

JIM *(grinsend):* Hier, Massa. *(Holt sie aus der Hosentasche.)*

HUCK: Du bist also ein ganz gemeiner Dieb?

JIM: Ist korrekt, Massa.

TOM: Und wofür brauchst du das Geld, wenn man fragen darf?

JIM: Eisenbahn, Massa.

HUCK: Eisen … ?

JIM: Nach Louisiana, Massa. Meine Mama rausholen. Is doch klar. Aber da noch was anderes in Kassa, ja?

HUCK *(gräbt nach)*: Ja, so'n Zettel, hab ich noch gar nicht so richtig hingeschaut. *(Liest)* „Schuldschein über Dollar 2,90 an Huckleberry Finn. Wird zurückgezahlt mit fünf Prozent Zinsen. Jim." Rechnen kannst du also auch.

JIM: Ja, Massa.

TOM: Und schreiben.

JIM: Ja, Massa. Hab mich selber beigebracht.

TOM *(zum Prinzen)*: Ist natürlich schwer verboten im ganzen Süden.

PRINZ: Was kannst du eigentlich nicht, Jim?

JIM: Lachen, Massa. Mich könn nich lachen. Mich glauben, nie wieder lachen solange leb. Oder solang Sklaven gibt in ganze Süd. *(Eine Pause.)*

APPLEBAUM *(holt Notizbuch heraus)*: Also wir haben gesagt: Gratis Proviant. Unterkunft. Und ein Ruderboot leihweise. Denke, das lässt sich machen. Sonst noch was?

FUCHS *(leise zu Huck)*: Eins zu null für euch!

PRINZ: Jim, was willst du denn anfangen, drüben im freien Territorium?

JIM: Schätze, könn was lernen.

PRINZ: Was möchtest du denn lernen?

JIM: Mich wieder selber zu mög, Massa. ‚Ich' sagen zu mich. Weil ohne das läuft nix.

PRINZ: Kannst du das nicht hier?

JIM: Nee, Massa. Wenn jeder dich sagen, du gottverdammter Niggersklav, dann sich fühlen als gottverdammter Nigger, is doch klar? Darum will auch finden neue Nam für mich.

PRINZ: Du willst dich umnennen? Hast du schon einen Namen in Aussicht?

JIM: Mich denken, Michael wär schöner Nam. Weil, der doch hat erschlagen dieses Drachen, nich? Kann ich mich selber austausch mit ihm.

PRINZ: Austauschen?

JIM: Klar. Kann werden zu Michael. Und dann schöne Musik machen mit Banjo.

PRINZ: Du brauchst aber auch einen Zunamen, in der weißen Welt.

JIM: Ja, Massa. Nachnam ich wähle aus große erste Präsidenten von USA.

PRINZ: Washington? Jefferson?

JIM: Nee, Massa. Is mich zu großmächtig für kleinen Jim. Ich denk, Jackson gerade richtig.

TOM: Was is denn dieser Lärm, wo vom Dorf kommt?

Man hört zunehmendes Stimmengewirr, das sich nähert.

FARMER MILLER *(läuft ins Bild, einen Strick in der Hand)*: Da ist er! Und natürlich mit dem Applebaum.

APPLEBAUM *(2000 Jahre Erfahrung hinter sich)*: Aber

meine Herren ... Sie kennen mich doch ... Bin nur gekommen, um mich bissel wärmen an Feuer. Ich kenn gar nicht diese Leut.

FARMER MILLER *(zeigt auf Applebaum)*: Sie sind Zeuge! Ich war der Erste hier. Die hundert Dollar für mich! Mit Ihnen reden wir später.

Jim wird gefesselt abgeführt.

FARMER SMITH *(der ewige Mitläufer)*: Ich hab einen Keller! Ich hab einen Keller! *(Rennt den andern hinterher.)*

APPLEBAUM *(nach einer betretenen Pause)*: Na ja, der Keller von Farmer Smith, der hat mehr Löcher als wie sein Käs. Kann ich euch nur empfehlen. *(Ab.)*

PRINZ *(zu Tom)*: Und was jetzt?

HUCK: Lass dir was einfallen.

TOM *(überraschend)*: Kennt ihr den Grafen von Monte Christo?

HUCK: Woher soll ich'n Grafen kennen?

TOM: Der is, schätz ich, vierzig Jahre eingesessen in Verlies. Irgendwo in Frankreich. Ja, und denn hat er sich ausgebuddelt. Und ...

Dann alle in Applebaum's Emporium. Applebaum händigt Tom eine Schaufel aus, hierauf eine Schiefertafel, findet auch ein Stück Kreide.

HUCK: Wozu denn die Tafel?

TOM: Na, er muss doch sein Schicksal aufschreiben, für die Nachwelt. Eigentlich einkratzen auf'n Stein. Aber soviel Zeit ham wa nich, schätz ich, für Einkratzen.

Schließlich vor dem Keller von Farmer Smith. Nacht.
Tom händigt Jim durch das Kellerfenster die Tafel mit
der Kreide, Jim innen nimmt sie entgegen.

TOM *(flüsternd)*: Und vergiss nicht die ganze Vorge-
schichte, mit der Mama und Plantage und so. Und
mach's ausführlich, is ja für die Nachkommen-
schaft.

JIM *(flüsternd)*: Alles auf die kleine Tafel?

TOM *(dito)*: Mach halt Abkürzungen. *(Zu Huck)* Jetzt
die Schaufel! Eigentlich müsste es ein Küchenmes-
ser sein. Und er schleift es alle Tage auf dem Stein.
(Reicht Jim die Schaufel.) Das dauert Jahre!

PRINZ *(flüstert)*: Tom ...

TOM: Was?

PRINZ: Den könntet ihr doch einfach hier heraus-
klettern lassen, den Jim. Oder nicht?

TOM: Rausklettern? Ja, spinnst du, oder was? Er
muss'n Tunnel graben, ganz im Geheimen, und jeden Tag den Fortschritt verzeichnen auf der Tafel.
So wird das gemacht!

MARK TWAIN *(kommt gegangen. Zu uns)*: Und natürlich holen sie Jim heraus und er wird am Ende frei
mitsamt der Mama, wenn auch erst nach hundert
enggedruckten Seiten. Und natürlich haben die
Kritiker mir vorgeworfen, dass ich 'ne im Grunde
tragische Story hab so spaßig enden lassen. Aber
die Kritiker kaufen ja keine Bücher, und das zah-
lende Publikum will lieber lachen. Tom und Huck
hab ich dann noch weiter ausgeschlachtet, klar. Jim
nicht, weil Schwarze haben doch zu der Zeit keine

Bücher gekauft. Na, und dieser kleine Prinz oder was er ist, der kann sich auch nicht beklagen, dem hab ich ja in meinem Bestseller ‚Prinz und Bettelknabe' ein Denkmal gesetzt. Derzeit soll er sich übrigens in England aufhalten oder so. Apropos, habe ich Ihnen schon erzählt, was man in England über mich sagt. Ja? Kann man aber gar nicht oft genug hören. Also…

Peter Pan

Der Dachboden eines Londoner Einfamilienhauses in Bloomsbury. Nacht. Das übliche Durcheinander von ausrangierten Möbeln, Kisten und Koffern. Auf einem mottenzerfressenen Bärenfell liegt Wendy und schläft. Sie ist zwar ein Schulmädchen, aber jetzt sind Ferien, da darf man schon mal. Ihre Fee heißt Tinker Bell und ist nicht gerade ein Ausbund an guter Laune.

TINKER BELL *(zu uns)*: Entschuldigen schon, wenn ich so nervös herumhüpfe. Kennen Sie Herrn Conan Doyle? Ich meine den von Sherlock Holmes, dem Detektiv? Na ja, tut nichts zur Sache. Ich wollte nur darauf hinweisen, dass Herr Conan Doyle an mich geglaubt hat. Ich meine, an zauberhafte Feen, so mit kleinen Reifröckchen und Flügelchen. Es gibt sogar ein Foto mit einem ganzen Reigen von solchen Feen, das er sich in sein Zimmer gehängt hat, weil er wie gesagt richtig daran glaubte. Üblicherweise glauben nur Kinder an uns. Wenn sie aufhören zu glauben, müssen wir verlöschen und sterben. Kinderkram, sagen die Erwachsenen. Aber das ist gerade, warum ich so nervös bin. Weil ja meine Wendy jetzt in das Alter kommt, wo man... aber was ist denn das für ein Lärm da draußen am Dach? Solche Störungen liebe ich überhaupt nicht.

Das Dach des Einfamilienhauses, Nacht. Auf dem Dachfirst neben dem Schornstein sitzend der kleine Prinz und sein Fuchs. Der Prinz verabschiedet sich von seinem Vogelzug.

FUCHS: Ganz schöne Zugluft hier oben. Wo sind wir eigentlich?

PRINZ *(seinen Schal enger ziehend):* London, Stadtteil Bloomsbury.

FUCHS: Und warum müssen wir gerade hier sein?

PRINZ: Es ist da, wo die Dichter wohnen.

FUCHS: Ich bemerke aber keine Dichter.

PRINZ: Na ja, um diese Zeit liegen sie meistens im Bett miteinander. Oder sie sind betrunken. Oder beides.

FUCHS: Da drinnen durch das Dachfenster sehe ich so ein kleines herumhuschendes Irrlicht. Vielleicht kann es uns reinlassen?

PRINZ *(blickt hinein):* Das ist kein Irrlicht, das ist eine Fee.

Man sieht durch das Dachfenster Tinker Bell herumschwirren. Sie bemerkt unsere Freunde draußen und ruft etwas Unhörbares.

PRINZ: Was sagt sie?

FUCHS: Ich glaube, sie sagt, je eher wir abzischen, desto lieber ist es ihr.

PRINZ: Charmant!

Dann wieder im Innern des Dachbodens.

TINKER BELL: Gittigitt, ich hab keine Ahnung, wer diese Leute auf dem Dach eigentlich sind, aber herein kommen die mir nicht. Es reicht schon, dass diese Nacht sich der Peter angesagt hat. Angeblich, weil er seinen Schatten sucht, den er letzthin angebaut haben will. Irgendwas vergisst der immer. Natürlich mag ich ihn, den Peter, wie jeder ihn mag. Aber dann macht er einen auch so kribbelig. Warum? Ist doch klar. Der darf ewig leben. Natürlich nur, weil er sich weigert zu wachsen und älter zu werden. Und sich zu erinnern. Muss schön sein, wenn man das kann.

Der Fuchs klopft wieder von draußen an die Scheibe.

TINKER BELL: Ruhe jetzt! *(Sie wirft wütend einen ausgestopften Hasen gegen das Fenster.)*

WENDY *(schreckt aus dem Schlaf, setzt sich auf)*: Tink, was ist los? *(Sie zündet eine Kerze an.)*

TINKER BELL: Wendy, wie oft habe ich dich gebeten, du sollst kein Licht machen, wenn ich da bin. So ein Licht verdunkelt mich, und ich schätze es überhaupt nicht, wenn man mich verdunkelt.

WENDY: Ich frage mich wirklich, ob alle Feen so schlecht gelaunt sind wie du. Wenn es dir nicht passt, kann ich ja wieder hinuntergehen ins Kinderzimmer. Ich komme ohnehin nur deinetwegen zum Schlafen auf diesen eklen Dachboden.

TINKER BELL: Jetzt lügst du schon wieder, Wendy. Du kommst, weil es hier oben nach Abenteuer riecht, und unten nach Spießbürgerei.

Der Fuchs klopft wieder von außen ans Fenster.

WENDY: Aber da klopft ja jemand. *(Geht mit der Kerze zum Fenster.)* Und es ist ein Fuchs!

TINKER BELL: Mach nicht auf!

WENDY: Seit wann sagst du mir, was ich zu tun habe? *(Sie rückt einen Schemel zum Fenster.)*

TINKER BELL: Ach Wendy, ich habe halt Angst. Denn jetzt wirst du groß, und wohin gehe dann ich?

WENDY *(gerührt)*: Tinker Bell, du bist ein Schatz, trotz allem. Und ich werde immer an dich glauben! *(Sie steigt auf den Schemel und öffnet das Fenster. Der kleine Prinz und der Fuchs klettern herein.)*

TINKER BELL *(nach einer verlegenen Pause)*: Möchten Sie sich nicht vielleicht vorstellen?

PRINZ: Ich bin der Prinz von Asteroid B 612. Und das hier ist mein Freund, der Fuchs.

TINKER BELL *(patzig)*: Das sehe ich, dass es ein Fuchs ist.

FUCHS *(ziemlich scharf)*: Und Sie?

WENDY *(immer gutgelaunt, wenn etwas Aufregendes passiert)*: Ich bin Wendy. Und das ist meine Fee Tinker Bell. Meine Mama und die Zwillinge schlafen unten.

PRINZ *(zieht ein Blatt heraus, liest ab)*: Wendy Darling, Dichterin in Bloomsbury?

TINKER BELL *(abwertend)*: Alle Kinder sind Dichter.

PRINZ: Du erwartest heute Nacht noch Besuch?

WENDY *(sehr erwachsen)*: Nicht dass ich wüsste. *(Etwas dämmert ihr. Zu Tinker Bell)* Oder bist du auf dem Laufenden? Hast du deswegen das Fenster so fest zugeriegelt?

TINKER BELL *(schniefend)*: Es ist nur, weil ich dich

doch für mich haben will. Und nun kommt ein Besuch nach dem andern! *(Sie schnäuzt sich.)*

WENDY *(streng)*: Also wer kommt?

TINKER BELL *(ganz klein geworden)*: Er.

WENDY: Wer?

Ein starker Zugwind vom Fenster, das klirrend gegen die Wand schlägt.

TINKER BELL: Versteckt euch, versteckt euch! Man weiß ja nie, wie er reagiert auf so viele Leute! *(Sie verstecken sich hinter einer Kiste.)*

PETER PAN *(kommt mit einem Windstoß hereingeflogen. Er ist ein hübscher stupsnäsiger Junge, nur mit Herbstblättern und Spinnweben angetan. Geht zur Kommode, zieht ungeduldig eine Lade nach der andern heraus)*: Wo ist er nur, wo ist er nur? *(Sieht sich um, erkennt Tinker Bell)* Tink, wo ist er?

TINKER BELL: Wer, Peter?

PETER: Mein Schatten natürlich! Mein Schatten! Ich hab ihn irgendwo liegen lassen.

TINKER BELL: Ich ... ich glaube, unterm Schrank.

PETER *(zieht ihn hervor)*: Ah, da ist er ja. Und wie kriege ich den jetzt wieder angeklebt? Ich kann doch nicht lebenslang ohne Schatten ... Wo bleibt dann meine Autorität? Ja, wo? *(Er setzt sich auf den Boden und weint.)*

WENDY *(die noch nie in ihrem Leben Angst gehabt hat, tritt heraus)*: Ich könnte ihn dir ja annähen, Junge.

PETER *(sich verbeugend)*: Danke. Und wie heißt du?

WENDY *(stolz)*: Gwendolyn Moira Angela Darling. Und du?

PETER: Peter Pan.

WENDY *(die den Namen reichlich kurz findet)*: Ist das alles?

PETER: Ja.

WENDY: Tut mir leid.

PETER: Ist nicht so schlimm.

WENDY: Also ich nähe dir jetzt den Schatten an. Aber du darfst nicht weinen.

PETER: Ich weine nie! *(Sie beginnt zu nähen.)*

WENDY: Wo wohnst du denn?

PETER: Zweite rechts und dann geradeaus bis zum Morgen.

WENDY: Komische Adresse. Steht das auch auf deinen Briefen?

PETER: Ich bekomme keine Briefe.

WENDY: Aber deine Mutter?

PETER: Hab keine Mutter.

Der Prinz tritt mit seinem Fuchs heraus.

PRINZ: Wie alt bist du denn, Peter?

PETER: Weiß ich nicht. Ich bin von daheim davongelaufen, weil jeder sich darüber den Kopf zu zerbrechen anfing, was aus mir werden soll, wenn ich groß bin. Aber ich werde nie groß werden. Ich werde immer ein Junge bleiben und neue Abenteuer erleben.

PRINZ: Was für Abenteuer, Peter?

PETER: Hast du schon von Nimmerland gehört, der Pirateninsel? Dort lebe ich bei den verlorenen Kindern. Außerdem gibt es da auch noch Indianer. Und den Captain Hook.

PRINZ: Heißt der wirklich so?

PETER: Er hat nämlich einen eisernen Haken statt der rechten Hand. Damit schlägt er zu.

WENDY: Auf wen denn?

PETER: Auf die verlorenen Kinder natürlich. Und auf die Indianer. Und auf die Piraten von seinem Schiff, wenn sie ihm nicht parieren.

WENDY: Aber das ist ja furchtbar.

PETER *(stolz)*: Ich bin der Einzige, der keine Angst vor ihm hat.

WENDY: Das habe ich mir schon gedacht. Aber wieso gerade du?

PETER: Weil ich unverwundbar bin, darum. Kommst du mit mir dorthin?

WENDY: Weg von zu Hause? Ich weiß nicht.

PETER: Wir haben auch ein Krokodil. Das tickt!

WENDY *(interessiert)*: Tickt?

PETER: Weil es eine Uhr verschluckt hat.

WENDY *(überzeugt)*: Ja dann...

TINKER BELL: Und ich?

PETER: Du darfst natürlich auch mit. Wenn du brav bist.

WENDY: Wir haben aber noch unsere zwei Besucher da.

FUCHS: Das sind nämlich wir.

PETER *(verbeugt sich)*: Ich glaube, wir kennen uns.

FUCHS *(überheblich)*: Wohl kaum. Ich vergesse nie ein Gesicht.

PRINZ: Vielleicht von dem Vogelzug?

PETER: Richtig. Habt ihr nicht das Rauschen ge-

spürt? Das war ich. *(Stolz)* Wo immer ich hin-
komme, bewegt sich was.

PRINZ *(professionell)*: Ich würde dir gerne ein paar
Fragen...

WENDY: Auf die Insel! Auf die Insel! *(Aber plötzlich
fällt ihr etwas ein)* Aber ich kann ja gar nicht fliegen!

PETER: Komm, ich zeig's dir. Ist ganz einfach. Jedes
Kind kann fliegen, solang es nur richtig daran
glaubt! Natürlich muss ich dazu meine Flöte spielen! *(Er nimmt die Panflöte aus dem Blätterkleid
und beginnt zu spielen.)*

WENDY *(abhebend, kreischt)*: Peter! Peter! Ich fliegse!
Ich fliegse!

PETER: Zum Fenster! Alle zum Fenster hinaus!

WENDY *(immer die Dame, zum Prinzen)*: Und ihr?
Soll ich euch ein Taxi bestellen?

PRINZ: Nein, danke. Wir haben unseren Vogelzug.

PETER: Also los!

WENDY: Noch einen Moment, Peter... *(Verlegen)* Peter, was... was fühlst du zu mir?

PETER: Du bist meine Komplizin. Und du bewun-
derst mich, das ist doch die Hauptsache. Was soll
ich denn sonst fühlen?

WENDY: Ach Peter... *(Mit einer plötzlichen Hoff-
nung)* Vielleicht gibt es diese Insel gar nicht? Und
du hast alles erfunden? Nur um mich für dich zu
haben? *(Peter stutzt, aber Gefühle kann er nicht begreifen. Er lässt sich auf den Trichter des altmodischen Radioapparats nieder, dreht den Knopf.)*

RADIO *(mit den berühmten vier Beethoven-Anschlägen)*: Ta ta ta tah! Ta ta ta tah! Hier ist die BBC. Die Nachrichten. Auf der Insel Nimmerland ist eine Revolte ausgebrochen. Die verlorenen Kinder haben sich mit den Indianern verbündet gegen die Diktatur von Captain Hook. Wir schalten um zu unserem Korrespondenten. *(Ungeheurer Kampflärm.)*

KORRESPONDENT: Ich stehe hier auf dem Deck des Piratenschiffes, wo der gefürchtete Captain Hook jetzt jeden Moment das Eintreffen seines Gegenspielers Peter Pan...

TINKER BELL: Abdrehen! Abdrehen! Meine Nerven! *(Peter schaltet ab.)*

PETER: Glaubst du mir jetzt?

WENDY: Ja, Peter. Ich glaube an dich!

PETER *(sich zu seiner vollen Höhe von 1,22 Meter aufrichtend)*: Und Captain Hook gehört mir!

Kajüte von Captain Hook. Dieser – schwarzer Bart, Zweispitz, Dublonen in den Ohren – hält gerade seine eiserne Klaue an einen rotierenden Schleifstein. Durch das offene Heckfenster Kampflärm.

HOOK *(steckt den Kopf hinaus)*: Nur zu, meine Piraten, nur zu! Gegen eine Welt von Feinden! *(Geht wieder zu seinem Schleifstein.)*

PRINZ: Captain Hook, warum hassen Sie Peter Pan so?

Oben am offenen Fenster erscheint verkehrt herum der Kopf von Peter Pan.

PETER: Hook! Hook! Alter Spuk! (*Verschwindet wieder.*)

HOOK (*schleift verbissen weiter*): Wenn ich irgendetwas nicht vertrage, so ist es das Selbstvertrauen von diesem Jungen.

PRINZ: Und woher hat er das?

HOOK: Weil er nichts von Zeit weiß. Nichts vom Erwachsenwerden. Keine Erinnerung, keine Angst vor der Zukunft. Da lässt sich leicht tapfer sein. (*Er legt sein Entermesser an.*) Während unsereins... (*geht zur Tür.*)

Die Kajütentür springt auf. Drei Piraten, die sich fechtend schrittweise in die Kajüte zurückziehen. Dahinter wird Peter sichtbar, der sie zu Paaren treibt. Großer Kampflärm.

PETER: Dieser Mann ist mein! (*Er kämpft sich zu Hook durch.*)

WENDY (*erscheint aufgeregt im Fenster*): Das Krokodil! Das tickende Krokodil!

Das Krokodil schiebt sich langsam durch das Fenster herein. Es tickt.

HOOK (*entsetzt*): Die Zeit! Die Zeit!

PETER (*schlägt auf Hook ein*): Ergib dich! Deine Zeit ist um!

HOOK (*fechtend*): Auch deine Zeit wird kommen!

PETER: Nie! (*Die beiden stehen einander gegenüber. Bild friert ein.*)

Der Garten des Hauses in Bloomsbury. Es ist ein sonniger Herbsttag, aber die Bäume sind noch belaubt. Im

Garten spielt eine schöne junge Frau mit ihrer kleinen Tochter Krocket. Die Krocketkugel rollt unter einen Apfelbaum, das Mädchen läuft hinterher. Plötzlich hört sie eine leise Stimme: „Wendy! Wendy!"

MÄDCHEN *(ruft)*: Mama! Da ist jemand!

MUTTER: Ach was, wer soll denn da sein?

PETER *(lugt aus dem Gebüsch. Zu dem Mädchen)*: Wendy, ich bin's.

MÄDCHEN: Ich bin aber nicht Wendy. Ich bin Elizabeth.

MUTTER: Ich bin Wendy. Was gibt's?

PETER: Du?

WENDY *(betroffen)*: Peter? Nach all den Jahren?

PETER *(verwirrt)*: Was für Jahre?

WENDY: Seit Captain Hook.

PETER: Wer?

WENDY *(fasst sich)*: Das ist übrigens Elizabeth.

PETER *(noch immer wie verloren)*: Ich weiß. Hat sie mir gesagt.

WENDY: Schau mich nicht so an. Ich bin alt, Peter. Ich bin erwachsen.

PETER: Aber du hast mir versprochen … du hast mir versprochen …

ELIZABETH: Mama, wer ist der Junge?

WENDY: Jemand, den ich einmal gekannt habe.

ELIZABETH: Hast du ihn geliebt, Mama?

WENDY: Ach, was du immer redest.

ELIZABETH: Soviel geliebt wie mich?

WENDY *(verlegen)*: Das lässt sich doch gar nicht vergleichen.

PETER *(zu Wendy)*: Hast du bemerkt? Ich hab deinen Namen nicht vergessen.

WENDY: Ich deinen auch nicht.

PETER: Der ist aber auch sehr kurz. Kannst du noch fliegen?

WENDY: Nur so ein bisschen. *(Lacht)* Rittlings auf einem Besenstiel. Oder einem Krocketschläger. Wie die Hexen! Und du? Hast du viel erlebt?

PETER: Tausend Abenteuer. Aber keins so wie hier.

WENDY: Was meinst du, Peter?

PETER *(wendet verlegen den Kopf hin und her)*: Nun ja, du und... und Elizabeth. Ihr zwei.

WENDY: Hör mal, Peter. Ich würde dich ja gern einladen, bei uns ein paar Tage zu verbringen. Aber wir haben Hausgäste. Und du weißt, wie klein unser Haus ist.

PETER: Ich könnte vielleicht am Dachboden...

ELIZABETH: Aber da wohnt doch Tinker Bell. Die würde das nie verkraften!

PETER: Wer?

WENDY: Ihre Fee.

PETER: Ach so.

Der kleine Prinz und der Fuchs treten in den Garten.

WENDY: Aber da kommen unsere Gäste. Ich muss nach ihrem Zimmer sehen.

PETER: Ja, gewiss, gewiss.

WENDY: Vielleicht kennst du sie noch? *(Ab ins Haus.)*

PETER: Ich? *(Er springt in den Apfelbaum, macht Gelenkübungen, wie um sich aufzuwärmen.)*

PRINZ: Wie machst du das eigentlich, um zu fliegen?

PETER: Das weiß *ich* doch nicht.

PRINZ: Ich meine, stellst du dich zuerst innerlich aufs Fliegen ein. Dann breitest du probeweise die Arme aus und...

PETER *(abwehrend)*: Darüber habe ich noch nie nachgedacht.

PRINZ *(stur)*: Muss doch ganz interessant sein.

PETER: Aber dann könnte ich vielleicht gar nicht mehr fliegen?

PRINZ: Aber wäre es nicht schön, wenn man beides könnte?

PETER: Beides?

PRINZ: Es tun, und wissen, wie man's tut?

PETER: Aber ist es nicht viel schöner, zu fliegen, als zu wissen wie? *(Er klettert zur Krone des Apfelbaums und pflückt einen Apfel.)* Der ist so schön frisch. Den hebe ich mir auf, bis ich alt werde.

PRINZ: Aber du kannst ja gar nicht altern.

PETER: Eben.

Der Dachboden des Hauses, ziemlich unverändert. Nur dass statt des Radioapparats jetzt ein altmodischer Schwarzweiß-Fernseher da steht. Darauf zu sehen ein Bericht über den Karneval von Venedig, den Tinker Bell zerstreut herumhüpfend betrachtet. Auf dem Bärenfell schläft ein kleines Mädchen.

TINKER BELL *(nervös)*: Ich glaube, ich sollte lieber das Fenster schließen. Kleine Mädchen verkühlen sich so schnell. Und dann bin wieder ich an allem schuld. *(Geht zum Fenster.)*

PETER *(erscheint im Fenster, flüstert)*: Elizabeth! Elizabeth!

TINKER BELL: Du?

PETER: Guten Tag, Tink. Ich würde gern der kleinen Elizabeth dort das Fliegen beibringen. Vielleicht kommt sie mich dann auf meiner Insel besuchen.

MÄDCHEN *(erwacht, setzt sich auf)*: Tink, was ist los?

PETER: Elizabeth, hast du nicht manchmal Lust zu fliegen, wie alle Kinder?

MÄDCHEN: Sicher. Aber ich bin nicht Elizabeth. Ich bin Jane.

PETER *(verstört)*: Jane? Und wo ist Elizabeth?

JANE: Mama? Meine Mama schläft unten in ihrem Zimmer. Ich bin nur heraufgeklettert, um Tinker Bell Gesellschaft zu leisten.

PETER: Und Wendy? Wo ist Wendy?

JANE: Aber Oma Gwendolyn ist doch lange tot.

PETER *(verständnislos)*: Heißt das, sie kann nicht mehr fliegen? *(Er weint.)*

JANE: Fliegen? Die Oma? *(Steht auf)* Warum weinst du denn, Junge? *(Sie setzt sich tröstend zu ihm.)* Willst du einen Apfel? Er kommt von unserem eigenen Baum.

PETER *(erfrischt)*: Wir könnten ja zusammen hinfliegen. Es wäre ein Abenteuer. Natürlich nur ein kleines.

JANE *(gähnt)*: Uah, ich muss aber jetzt schlafen. Und morgen ist Schule.

PETER: Ich glaub, ich setze mich mal auf deinen Baum. *(Lacht)* Das Leben im Apfelbaum.

JANE *(schläfrig)*: Wieso das Leben?

PETER *(schon beim Fenster)*: Nur so dahin gesagt.

Dann wieder beim Apfelbaum. Peter sitzt oben und spielt Flöte. Prinz und Fuchs kommen.

PRINZ: Peter, kannst du nicht herunterkommen? Ich wollte dich noch etwas fragen.

PETER: Meinetwegen. Hier oben ist es ohnehin verflucht zugig. *(Springt herunter.)* Der Herbst kommt. Dann der Winter. Brr!

PRINZ: Warum fliegst du nicht auf deine Insel? Da gibt es ja keinen Captain Hook mehr.

PETER: Und auch sonst niemanden. Na ja, vielleicht noch zwei oder drei verlorene Kinder. Wir können ja nur spielen, solang jemand da ist, der das Spiel für das Leben hält.

FUCHS: Und das Krokodil?

PETER: Schon, aber seine Uhr hat längst aufgehört zu ticken. Heute ist es ein Krokodil wie jedes andere. Ich glaube, jeder will jetzt sein wie jeder andere.

PRINZ: Könntest du dich nicht entscheiden, erwachsen zu werden? Das wäre doch das größte Abenteuer von allen.

PETER: Ja, aber was bliebe dann von Peter Pan? Mister Pan der Börsenmakler? „How d'ye do, Mister Pan? Fine day, Mister Pan." Außerdem müsstet ihr meinen Autor fragen.

PRINZ: Wie heißt denn dein Autor?

PETER: Irgendwas mit Brr! Weil der stammt ja aus dem Norden, aus Schottland. Barrie oder so. Vorname vergessen. Brr! Zeit, dass man wieder in wärmere Gegenden kommt.

PRINZ: Es gibt ja noch andere Inseln.

PETER: Kennst du welche? Ist es da warm?

PRINZ: Eine heißt Lido. Ich bin dort verabredet.

PETER: Findet man da auch Kinder?

PRINZ: Riesig viele Kinder.

PETER *(begierig)*: Und Piraten?

FUCHS: Ja, manche Besucher sagen, dass dort geradezu Piraterie herrscht.

PETER: Aber keine Wendys?

PRINZ: Ich fürchte, Wendy wirst du nicht mehr wiedersehen.

PETER *(mit plötzlicher Erleuchtung)*: Ich hätte sie heiraten können!

PRINZ: Ja, aber dazu musstest du erwachsen werden wie sie.

PETER: Mit Aktenmappe und gerolltem Regenschirm?

PRINZ: Vielleicht. Aber auch mit Kindern.

PETER *(der Gedanke kommt ihm zum ersten Mal)*: Du meinst, mit meinen eigenen Kindern?

PRINZ *(nickt)*: Sicher.

PETER: Mit... mit einer Elizabeth? Und Jane?

PRINZ: Oder auch Jungen wie du.

PETER *(überwältigt)*: Ich glaube... ich glaube, ich hätte es tun sollen! Was meinst du?

PRINZ *(zerrt wieder einmal an seiner Stirnlocke)*: Ich weiß es nicht. Ich muss darüber nachdenken. Obwohl ich ja schon die ganze Zeit drüber nachdenke.

PETER *holt versonnen seine Panflöte hervor, beginnt sie zu spielen. Fernher das Geräusch von Vogelschwingen.*

PRINZ *(zum Fuchs)*: Ich glaube, da kommt unser Vogelzug, um uns abzuholen.

FUCHS: In die wärmeren Gegenden? Zeit wär's.

PETER *(begeistert)*: Nein! Es ist Wendy, es ist Wendy!

WENDY *(an ihnen vorbeiflatternd)*: Peter! Peter! Ich fliegse! Ich fliegse!

Und Peter und der Prinz blicken ihr strahlend hinterher.

Tadzio

Karnevalszeit in Venedig. Auf dem Markusplatz zahl-
reiche Kostümierte und Maskierte im Vorbeipromenie-
ren. Unter ihnen taucht jetzt eine eigentümliche Figur
auf. Es ist Giacomo Casanova, grotesk geschminkt und
gepudert, mit nachgezogenen Brauen, blutrotem
Mund.

CASANOVA *(stehen bleibend):* Erlauben Sie, Giacomo
Casanova, selbsternannter Chevalier de Seingalt, zu
dienen. Woher dieser eigentümliche Name, werden
Sie fragen. Nun ja, man galt ja lebenslang als etwas
Bestimmtes, Sie wissen schon, eben als bloßer Ver-
führer schöner Frauen, sonst nichts. Während das
Sein ja doch in eine ganz andere Richtung zielte.
Nämlich nach Macht zu allererst! Und damit poli-
tischer Aktion, und besonders natürlich Geld.
(Thomas Mann, 75, geht durchs Bild, lüftet den
Hut.) Eine vergleichbare Diskrepanz dürfen Sie bei
diesem distinguierten ältlichen Herrn feststellen.
Dieser inzwischen weltberühmte Autor der Bud-
denbrooks und des Tod in Venedig, strebte sein Le-
ben lang nach Geltung, Bedeutung, Repräsentanz.
Und Kunst natürlich. Sein inneres Sein jedoch
schrie nach etwas ganz anderem, das er mit sehr
deutscher Selbstdisziplin stramm unterdrückte.
Dieser Zwiespalt war anscheinend für einen

Schriftsteller äußerst fruchtbar, und wurde auch von ihm eifrig gepflegt. Nur dass eben das, wonach sein *Sein* verlangte, meist ein geisterhaftes Phantom blieb, eine bloße Projektion, ja eine Maske, die kaum je selbst zu Worte kam. *(Der kleine Tadzio im Matrosenanzug geht mit vorgehaltener Tadziomaske durchs Bild.)* Aber da ich in meinem vielbändigen Memoirenwerk mir selbst keine einzige Frage stelle – oder gar mich selber in Frage stelle – überlasse ich das auch in diesem Fall unseren reisenden Fragestellern.

Terrasse vor dem Caffè Florian. Wenig Einheimische, viele Touristen. Thomas Mann, 75, und Frau Katja kommen und lassen sich nieder. Katja, streng gekleidet und inzwischen leicht bissig geworden, liest den ‚Spiegel' mit Adenauer-Porträt.

FRANZÖSISCHER TOURIST: Une bière, s'il vous plaît.

AMERIKANISCHER TOURIST: Gimme a beer, for God's sake.

DEUTSCHER TOURIST: Una birra tedesca, ma subito!

THOMAS: Puh! Nie wieder Deutschland! Ich bin erschöpft.

KATJA: Warum auch beide Teile besuchen? Der Westen hätte doch genügt.

THOMAS: Und die Zone brüskieren – immerhin ein sozialistisches Experiment? Und Weimar auslassen? Diese Wiege des Autorenhonorars?

KATJA *(spöttisch)*: Tommy, in deinem Alter noch von Wiegen zu reden…

THOMAS (*lächelnd*): Du meinst, das andere Ende stünde mir besser an?

KATJA: Was für originelle Masken! Schau, dort läuft einer als kleiner Prinz von Saint-Exupéry. Und neben ihm der gezähmte Fuchs!

THOMAS: Ich bitte dich, Katja, wovon redest du?

KATJA: Du liest eben grundsätzlich keine Bestseller, Tommy.

Der kleine Prinz und der Fuchs kommen vorüber.

THOMAS: Ach ja, ich entsinne mich vage. Das ist doch von diesem Flieger, der im Mittelmeer verschwand. Komisch, ich hatte immer etwas gegen aktive Autoren. Was ein richtiger Autor ist, der hat alles in seinem Geist, seiner Phantasie zu durchleiden. Ein Autor in Uniform ist mir ein Gräuel.

FUCHS: Wieso trägt dieser Herr keine Maske, wo doch alle Leute hier Masken aufhaben?

PRINZ: Der? Wer sagt dir denn das?

Man hört von einem anderen Tisch den Ruf: „Taddäus! Taddäus!"

KATJA (*lachend*): Ja, weil du dir seinerzeit als Rekrut beim Parademarsch die Sehne gezerrt hast. O Gott, wann war das? (*Jetzt von neuem der Ruf „Taddäus!".*) Aber du passt ja gar nicht auf? Hallo, wo bist du?

THOMAS: Hörst du nichts?

KATJA: Was denn?

THOMAS: Da hat doch jemand etwas gerufen?

Ein Dackel kommt angelaufen, springt zwei Tische weiter dem Herrn aus München auf den Schoß.

HERR AUS MÜNCHEN: Ja, mei liabs Viecherl! Mei braves Hunterl! Mei Tadderle!

THOMAS *(murmelt)*: Tadderle!

KATJA: Tommy, was hast du? Willst du vielleicht wieder eine Hundenovelle schreiben? Der Sohn von ‚Herr und Hund‘?

Der kleine Tadzio kommt vorüber. Er trägt seine Tadzio-Maske am Stiel, hält sie vor sein Gesicht. Wie er an Thomas vorbeistreift, nimmt er die Maske ab. Dahinter trägt er genau das nämliche Gesicht wie die Maske.

THOMAS *(weggetreten)*: Wann ist… wann ist eigentlich Gustav Mahler gestorben, Katja?

KATJA: Ich glaube 1911. Warum?

THOMAS: Ach nichts. An was denn?

KATJA: Habe ich vergessen.

TADZIO *kommt aus der Gegenrichtung, geht vorüber, wirft einen Blick zurück auf Thomas. Streicht sich über die lockigen honigfarbenen Haare.*

THOMAS *streicht unwillkürlich über sein eigenes spärlicheres Haar.*

KATJA: Ja, ein Haarschnitt würde dir wirklich nicht schaden, Tommy. Es gibt doch diesen deutschsprechenden Friseur in der Merceria. *(Nimmt den ‚Spiegel‘ wieder auf.)*

Auf der anderen Seite des Markusplatzes beginnt ein Orchester, den Anfang von Mahlers ‚Lied von der Erde‘ zu spielen, während als Illustration chinesisch verkleidete Figuren vorübertanzen.

THOMAS *(darüber im Off)*: 14. Februar. In der Nacht

zufällige Rencontre mit Katja im Hotel. Fehlschlag. *(Man sieht jetzt Thomas Manns Hände beim Tagebuchschreiben. Darüber Thomas weiter off)* Wäre es anders gewesen, wenn statt dessen dieser geheimnisvolle schöne Knabe im Bett gelegen wäre? Er heißt übrigens Tadzio, Taddäus auf Polnisch.

Dann beim Friseur, der übereifrig herumhantiert. Es ist Casanova in Verkleidung. Zuerst nur Thomas vom Rücken zu sehen, die Münchner Neuesten Nachrichten lesend, während der Friseur ihm die Nackenhaare stutzt.

FRISEUR: Si si, hab ihn gekannt, den armen Maestro Mahler. War oft da mit Signora, Frau Gattin. Und immer gut Trinkgeld geben, der Maestro. Woran ist denn gestorben?

THOMAS: Steht nicht da. Wahrscheinlich an geistiger Überanstrengung. Das ganz scharfe Gesicht hat ja nur von inneren Qualen gesprochen. Und dann noch die Frau. *(Will die Zeitung weglegen, aber eine Schlagzeile fällt ihm ins Auge.)* Wer ist Aschenbach?

FRISEUR: Aber Gustav Aschenbach ist doch bekannter deitscher Meister in Mittelgewicht. Gestern leider geschlagen durch K.o. von Schwarzem, Jim … Jim irgendwas. Aber bitte sich besehen in Spiegel.

Thomas betrachtet sich im Spiegel, und zum ersten Mal sehen wir in dieser Szene sein Gesicht. Es ist das Gesicht eines Mannes von 36, denn wir halten jetzt 1911, fast vier Jahrzehnte zurück. Und während der Friseur ihm unter vielen Komplimenten das weiße

Tuch abnimmt und ihn abbürstet, sehen wir auch seinen altmodischen Anzug mit dem unvermeidlichen Eckenkragen.

FRISEUR: So, und jetzt wieder jung und scheen, der Herr. Und sich kennen unbedenklich verlieben. Arrivederci, Signore.

Eine Gondel. Tadzio, im Matrosenanzug, sitzt träumerisch vorne am Bug. In der Kabine die formidable Mama, prächtig gekleidet mit vielem Schmuck.

MAMA: Langsam, langsam! Wenn mein Sohn was passiert, ich mich bring um! Ich mich bring um! Und du, sitz nicht so verloren da, du fällst mir noch in Lagune!

Dann dahinter eine zweite Gondel. Darin Thomas.

THOMAS: Schneller, schneller. Holen Sie die Gondel dort ein! (*Seine Gondel zieht mit der von Tadzio gleich. Ihre Blicke treffen sich. Großer Moment.*)

Badestrand am Lido. Thomas, im hellen Sommeranzug, kommt gegangen, immer auf der Suche nach Tadzio. Sein Gesicht angespannt. Hinten sitzt Tadzio, an einer Sandburg bauend, mit dem kleinen Prinzen und dem Fuchs. Thomas bleibt stehen. Holt einen Liegestuhl, richtet ihn in einiger Entfernung auf, lässt sich hineinfallen. Schließt die Augen.

THOMAS (*off*): Was ist das? Einbruch des Dionysischen in meine abgeklärte apollonische Welt, um mit Nietzsche zu reden, mit dem ich mich allzu oft vergleiche.

Inzwischen baut Tadzio an seiner Sandburg. Er trägt gestreiften Badeanzug und Strohhut. Die Mama, in weißem Strandkleid und Sonnenschirm, kommt auf ihn zu.

MAMA: Tadzio, hier habe ich einen Apfel für dich, zur Erfrischung. Du kannst ja auch deine Freunde davon abbeißen lassen.

TADZIO: Ich mag Äpfel aber lieber gebraten, Mama.

MAMA: Du musst immer was Apartes haben. (*Gibt ihm den Apfel und promeniert weiter.*)

FUCHS: Habt ihr viele Füchse in Polen?

TADZIO: Unmengen. Wir schießen mindestens zwanzig in jeder Saison.

PRINZ: Schießen? Warum?

TADZIO: Ja, weil halt Jagdsaison ist. In der Jagdsaison muss man jagen, dazu ist sie da.

PRINZ: Aber das ist ja schrecklich!

TADZIO: Jagen oder gejagt werden. Darum geht es doch auf dieser Welt. Sagt jedenfalls mein Papa. Er ist Gutsbesitzer, darum hat er eine Jagd. (*Zum Fuchs*) Ich habe ja nichts gegen dich persönlich. Aber im Großen und Ganzen sind Füchse doch eine minderwertige Rasse, nicht wahr. Parasiten am Volkskörper. Und je eher Polen fuchsfrei ist, desto besser.

PRINZ (*aufstehend*): Ich glaube nicht, dass es lohnt, weiter mit dir zu sprechen.

TADZIO: Nein, bleibt da, bleibt! Ihr wisst gar nicht, wie einsam ich bin. Ich habe ja niemanden, mit dem ich wirklich reden kann.

FUCHS: Über Füchse?

TADZIO: Das habe ich nur so hergesagt. Ich glaube ja gar nicht daran. Ich sage es nur, weil dann die meisten Leute mit dir übereinstimmen. Das gibt einem Mut. In Wirklichkeit glaube ich an überhaupt nichts, das ist es eben. Ich kann ja gar nichts mehr fühlen, da drinnen. Da ist alles leer, ich weiß auch nicht warum. Es ist eben die Strafe Gottes für meine Versuchungen.

PRINZ: Kannst du darüber nicht mit deinen Eltern reden …?

TADZIO: Hach, die Eltern! Mein Papa, der will mich ja bloß in seinem Ebenbild. Als Gutsbesitzer, als Tressenträger, als Kirchgänger, als Antifuchsianer und was weiß ich. Und die Mama, Gott, die Mama! Alle drei Tage will sie sich umbringen, wenn ich nicht zu ihr ins Bett krieche und ihr sage, wie ich sie liebe. Darum muss ich ja weg von da. Aber wie soll man überleben in der Welt als ein Mensch, der keine Gefühle hat? Da sagt einem jeder: Du bist schön, du bist schön. Aber was bringt mir das, wenn da drinnen nichts ist.

PRINZ: Ich weiß nicht. Der Fuchs und ich sind Freunde. Hast du keine Freunde?

TADZIO (zuckt die Achseln. Steckt dann den Apfel auf die Spitze seiner Burg): Manchmal denke ich mir, ich könnte vielleicht Architekt werden. (Lacht) Mit Apfeltürmen statt Zwiebeltürmen. Und ich in der höchsten Turmstube, ganz allein, am Fenster, Ausschau haltend.

PRINZ: Wonach würdest du denn ausschauen?

TADZIO: Aber nach gar nichts. Muss man sich immer nach etwas Bestimmtem sehnen? Manchmal stehe ich im Hotelzimmer am Fenster, stundenlang, während Mama noch schläft, und schaue in den Morgennebel hinaus. Das ist schön.

FUCHS: Hat aber nicht viel Zukunft.

TADZIO: Die Zukunft... Papa sagt immer, ich soll endlich anfangen, ein Mann zu sein. Aber ich weiß nicht, ob ich ein Mann sein will. Nicht so wie er, jede zweite Nacht irgendwo außer Haus, während Mama ihre Schreikrämpfe bekommt... Manchmal denk ich mir, ich könnte ein Priester werden. So wie unser Hochwürden, der ist noch ganz jung, eben aus dem Seminar gekommen. So feine Hände, man kann es sonntags gar nicht erwarten, dass er einem die Oblate reicht.

PRINZ: Dann müsstest du aber auf Priester studieren?

TADZIO: Man könnte ja als Mesnerknabe anfangen. Oder wisst ihr was: Noch lieber wär ich mir als der heilige Sebastian. So von Pfeilen durchbohrt, das muss grandios sein. Da könnte man alle seine Sünden abbüßen.

PRINZ: Welche Sünden denn?

TADZIO: Na, ihr wisst schon. In der Nacht, wenn man nicht schlafen kann. Und an die feinen Hände von dem Priester denkt. Meint ihr, das ist schon Sünde?

PRINZ *(nachdenklich)*: Ich bin ja nicht so sicher, ob

irgendetwas, das mit Liebe zu tun hat, eine Sünde sein kann. Ein Verbrechen, das ist natürlich was anderes.

TADZIO: Und wo beginnt dann die Sünde?

PRINZ: Da wo die Liebe aufhört wahrscheinlich. Aber warum redest du dauernd von Sünde?

TADZIO: Das ist ja das Hauptthema bei uns daheim. Was immer verboten ist, wird zur Sünde erklärt.

PRINZ: Ja, mir scheint, das ist genau der richtige Weg, um dem andern Schuld einzutrichtern.

TADZIO: Aber ich will jetzt ins Wasser. *(Er springt so graziös hoch, dass Thomas auffährt und ihn verzückt anblickt.)*

THOMAS *(murmelnd)*: Die Liebe sucht keine wahre Vollkommenheit, sie fürchtet sie eher. Sie liebt nur diejenigen, die sie selber herstellt oder phantasiert. Sie gleicht diesen Königen, die nur Größen anerkennen, die sie persönlich geschaffen haben. *(Notiert es in sein Tagebuch.)*

PRINZ: Weißt du, wer das ist?

TADZIO: Hab mich beim Portier erkundigt. Er soll ein Schriftsteller sein, irgendwo im Ausland. Möchte wissen, was er hier dauernd aufschreibt, wo absolut nichts los ist.

THOMAS *(für sich)*: Der Genuss der Liebe liegt im Lieben. Man ist glücklicher über eine Leidenschaft, die man empfindet, als eine, die man einflößt.

TADZIO: Er hält mich wahrscheinlich für dumm, dieser Dichter oder was er ist. Aber Blicke kann ich lesen. Das hab ich gelernt in meinem Alleinsein, wenn nichts sonst. Und ihr werdet lachen: Das ist der Blick von jemand, der liebt. Und ich will euch noch etwas anderes stecken: Wenn der mich anspricht, sage ich ja.

PRINZ: Ja wozu?

TADZIO: Dann geh ich mit ihm als… ich könnte vielleicht sein Jünger sein, und ihm was ablernen. Oder ich putze seine Stiefel. Ist mir alles eins.

Inzwischen ist Thomas aufgestanden und agiert jetzt aus, was seine Worte beschreiben.

THOMAS *(off)*: Er will ihn endlich anreden, sich an seiner Antwort erfreuen. Er erreicht ihn, irgendeine Phrase schwebt ihm auf den Lippen. Da fühlt er, dass sein Herz wie ein Hammer schlägt. Er zögert, er versagt, und geht gesenkten Hauptes vorüber. Dieser Schritt hätte vielleicht zu einer heilsamen Ernüchterung geführt. Aber wollte er dies überhaupt? War ihm nicht der Rausch zu teuer? *(Geht aus dem Bild.)*

PRINZ: Schade. Offenbar ist er doch mehr an seinen eigenen Gefühlen interessiert als an dir.

FUCHS: Und überlässt dir die Wahl, anstatt sich.

Sie blicken hinüber zu Thomas, der sich wieder niedergelassen hat und erschöpft die Augen schließt. Tadzio läuft zum Meer, um zu baden.

JASCHU *(ein muskulöser polnischer Amateursportler, steuert auf Thomas zu)*: Zigarette, Mister?

THOMAS *(auffahrend)*: Was?

JASCHU: Ob Sie 'ne Zigarette für mich übrig haben?

THOMAS *holt sein silbernes Etui heraus, gibt ihm eine.*

JASCHU: Feuer haben Sie auch?

THOMAS *(reicht ihm eine Schachtel Streichhölzer. Bissig)*: Rauchen können Sie aber selber? *(Deckt sich wieder das Gesicht mit der Zeitung ab und schlummert ein.)*

Jaschu grinst und wandert wortlos zu Tadzios Sandburg hinüber, betrachtet sie missgünstig.

FUCHS *(anzüglich)*: Interessieren Sie sich für Architektur?

JASCHU: Ach so. Ich wusste nicht, dass ihr 'ne vernünftige Sprache redet.

Tadzio kommt feuchtglänzend vom Meer zurück.

TADZIO: Jaschu! Da bist du ja.

JASCHU *(auf den Turm weisend)*: Und du hast 'nen Apfel und frisst den nicht?

TADZIO: Mir gefällt er eben da. Als Abschluss, als Turmhelm.

JASCHU: Turmhelm, Turmhelm! *(Greift nach dem Apfel.)*

TADZIO: Gib mir sofort meinen Apfel wieder!

JASCHU: Hol ihn dir doch, wenn du ein Mann bist und kein Abziehbild.

PRINZ: Geben Sie ihm doch den Apfel.

JASCHU: Und wer sind Sie, dass Sie mir Befehle erteilen, Sie mit Ihrem komischen Haustier, Sie. Na, Tadzio? Du kannst ihn dir ja holen heute Abend, den Apfel, wenn du wieder auf meine Bude kommst.

TADZIO: Zu dir komm ich nie wieder!

JASCHU: Nein? Hab ich schon mal gehört. *(Zum*

Prinzen) Ihr solltet ihn mal sehn, den kleinen Aristokraten, wenn er…

TADZIO: Um Gottes Willen, was erzählst du da?

JASCHU: Was ich will! Oder glaubst du, deine Freundchen werden mich dran hindern?

TADZIO: Lass meine Freunde in Ruh! *(Stürzt sich mutig auf Jaschu.)*

JASCHU *(hält ihn lachend von sich ab)*: Wie wär's, wenn ich mal an den Herrn Papa schreiben würde, was sein Sohn so treibt? Inzwischen… *(zertrampelt die Sandburg).*

TADZIO: Also gut, nimm dir den Apfel. Aber halt den Mund.

JASCHU: Na, ein bisschen mehr als ein Apfel wird doch noch drin sein! Besonders wenn ich ihm die Fotografien schicke. Allerhand Knete, was? Sagen wir – na, ich denk noch mal drüber nach. *(Ab.)*

MAMA *(kommt)*: Amüsiert ihr euch gut? Ich habe euch ringen gesehen, das ist gesund, das streckt die Glieder. Dein Papa streckt sich alle Tage die Glieder. *(Mit Bezug auf Thomas, der jetzt wieder hinter den Münchner Neuesten sehnsüchtig herüberstarrt)* Wer ist denn der Herr da, der sich gerade immer zufällig in deiner Nähe aufhält?

TADZIO: Ich weiß nicht. Irgend so ein Autor.

MAMA *(im Abgehen)*: Höchst unromantisches Gesicht, für einen Autor. Ich sehe mal im Hotel nach der Post. *(Ab)*

TADZIO *(zum Prinzen)*: Wißt Ihr… manchmal sag ich mir…und wenn es nur ein Jahr wäre, oder sogar sechs Monate ... ich weiß nicht ... Könnt Ihr mir nicht raten?

PRINZ *(an seiner Locke ziehend)*: Nein, aber ... eine Welt, in der solche Blicke vorkommen, in der möchte ich schon leben. Und wenn es nur sechs Monate wären.

Indem kommt ein Sprengwagen, von Pferden gezogen, vorbeigerattert, besprüht den Sand des Strandes.

MAMA *(eilt herzu. Zum Kutscher)*: Bitte sagen Sie mir, was das bedeuten soll. Ich habe schließlich Familie hier.

KUTSCHER: Eine reine Vorsichtsmaßnahme, Signora. Eine hygienische Anordnung, aus Sicherheitsgründen vorgenommen von der löblichen Munizipalität. *(Rattert weiter.)*

MAMA *(zu Tadzio)*: Du gehst sofort zurück ins Hotel und kleidest dich an. Es ist ein Brief da von Papa. *(Sie bleibt allein zurück. Ins Bild kommt Thomas, der in Gewissensqualen auf- und abgeht.)*

THOMAS *(leise für sich wie zur Probe)*: Erlauben Sie, Madame, einem Unbekannten, Sie zu warnen. Reisen Sie sofort ab mit Tadzio. Die Cholera ist in der Stadt ausgebrochen. Oder sollte ich sagen: die Pest, das würde noch stärker wirken. Die Pest ist in Venedig ausgebrochen, Madame. *(Er hat sich inzwischen, ohne es zu merken, der Mama genähert.)* Und ich? Wie geht es dann weiter mit mir?

MAMA: Pardon? Sie sagten etwas, mein Herr?

THOMAS: Ich? Nichts! *(Er wendet sich brüsk.)*

*Eine fahrende Gondel, abends. Hinten Gepäck aufge-
laden.*

THOMAS: Diese schwarzen Gefährte... wie ein Sarg
hin zu San Michele, der Toteninsel.

GONDOLIERE: Sie verlassen uns, mein Herr? Wie unsere ganzen Besucher?

THOMAS *nickt verbissen.*

GONDOLIERE: Also zur Stazione?

THOMAS *(mit Entschluss)*: Nein. Wir kehren um! Zurück zum Lido!

GONDOLIERE *(wendet)*: Zum Lido also? Sie haben
keine Angst vor dem Übel, Signore?

THOMAS: Zurück zum Hotel!

*Vor dem Bäderhotel am Lido. Gedränge von Kutschen
aber auch zeitgenössischen Automobilen, in die sich
ein Strom von abfahrenden Gästen ergießt. Ein einziges Gefährt kommt aus der Gegenrichtung: Es ist Thomas, welcher nun zum Eingang eilt. Sein Blick wandert hoch zu Tadzio, der wie so oft am Fenster steht
und hinausblickt.*

THOMAS *(murmelnd)*: Wie... wie eine Jungfrau am
Söller. Unpassendes Bild. Und doch...

AMERIKANISCHER TEENAGER *(Söckchen, Twinset,
Hotpants, kommt vorüber, schwingt lasziv den Po.
Zu Thomas)*: Hi!

*In Tadzios Zimmer. Überall stehen hochbepackte
Koffer. Tadzio wendet sich vom Fenster, betrachtet
wehmütig seinen gestreiften Schwimmanzug.*

MAMA *(aus Papas Brief vorlesend)*: „Und so habe ich endgültig beschlossen, den Jungen in eine Kadettenanstalt zu stecken." *(Zu Tadzio)* Gardekorps, denk dir nur. „Dort werden sie schon einen Mann aus ihm machen. Also kommt möglichst schnell zurück, außerdem beginnt ja jetzt bald die Jagdsaison. Euer liebender … "

Tadzio wirft noch einen sehnsüchtigen Blick aus dem Fenster, geht langsam zu seinem Schwimmanzug, breitet ihn vorsichtig in den Koffer.

Park auf dem Lido, später Abend. Man hört off den ewigen Ruf: Gondola? Gondola? Auf einer Parkbank der kleine Prinz, zu seinen Füßen der Fuchs. Die beiden sehen sich betreten an.

FUCHS: Letztlich hat dieser Herr gekniffen? Hat sich gedrückt?

PRINZ: Wahrscheinlich aus Angst, so scheint mir.

FUCHS: Angst vor Missbilligung der Umwelt?

PRINZ *(nachdenklich)*: Ich glaube, noch mehr aus seiner eigenen Lebensangst. Und vielleicht entsteht jeder schöpferische Akt aus einer Art Erschrockenheit. Unerschütterliche Menschen schreiben selten die schönsten Novellen der Welt.

Thomas kommt, lässt sich auf die Bank gegenüber fallen, ohne die zwei zu bemerken, atmet stoßartig.

THOMAS *(flüsternd)*: Er warf sich auf eine Bank, er atmete außer sich den nächtlichen Duft der Pflanzen. Und hintübergelehnt und mehrfach von Schauern überlaufen, flüsterte er die stehende

Formel der Sehnsucht, absurd hier, verworfen, heilig und erhaben auch hier noch: Ich liebe dich.

Fernher das langgezogene Pfeifen einer Lokomotive. Es verklingt.

Lolita

Paris, Mitte der neunzehnfünfziger Jahre. Vor dem Théâtre des Champs-Élysées steht ein unbedarfter Jungreporter zum ersten Mal vor der Kamera. Mantelkragen hochgeschlagen, das lockige Haar romantisch in die Stirne gekämmt.

KAMERAMANN: Kamera läuft!

TONMANN: Ton läuft! Bitte Klappe ansagen.

JUNGREPORTER *(schlägt Klappe mit den Händen)*: Troller eins zum Ersten. Ich stehe hier in Paris…

TONMANN: Halt! Zuviel Verkehr. Bitte noch mal anfangen.

JUNGREPORTER: Ich stehe hier in Paris…

KAMERAMANN: Stopp! Filmsalat!

TONMANN: Ich lege schon mal neu Band ein.

KAMERAMANN: Und könnten Sie nicht… na, Sie wissen schon – bisschen farbiger, poetischer… Wir sind schließlich in Paris.

JUNGREPORTER:
Ein Jahrzehnt ist seit dem Krieg verronnen
und Paris hat wieder zu leben begonnen.
Hier tagt, gegen Gulag und Diktatur
der ‚Kongress für die Freiheit der Kultur'.
Und zwar *(weist mit der Hand)* im Théâtre des
      Champs-Élysées,
heimlicher Sponsor: The CIA.

Während gleichzeitig *(weist mit der Hand)* im
    Théâtre Sarah-Bernhardt
das Berliner Ensemble ist der Star.
Drüben also Brecht, Courage und Baal,
hüben Demokratie und freie Wahl.
Dort Weigel, Dessau, die Großen der Zone,
Hier Koestler, Döblin, Dos Passos, Silone.
Und mitten drin, und beiden zu Leid,
wohnt im Hotel Raphael *(weist mit der Hand)* Lolita die Maid,
plus Vladimir Nabokov, dem ‚Meister der Zoten‘
so der Erlass, mit dem das Buch verboten.
Auch soll in irgendwelchen Pariser Ecken
der kleine Prinz samt Fuchs sich verstecken.
All dies ist Wasser auf die Mühle
des Jungreporters, der hier im Spiele.
Und der nach Jahren Emigration und Krieg
jetzt wieder anfängt, das Deutsche to speak.
Nun bleibt noch ein Letztes zu bestaunen,
dass nämlich dank des Schicksals Launen
auch des Kongresses Leiter ein Nabokov ist:
sein Vetter Nicolas, der Komponist.
Was aber hat, unter Pariser Laternen
der kleine Prinz von alldem zu lernen?

*Pressekonferenz im Saal des Theaters. Auf der Tribüne
die Organisatoren des Kongresses.*

NICOLAS NABOKOV: Ich stehe jetzt für Fragen zur
    Verfügung.

JUNGREPORTER: Mister Nabokov, was hat die Freiheit

der Kultur mit Ihrem Pornoroman Lolita zu tun, der kürzlich verboten wurde?

NICOLAS NABOKOV: Diese Frage kann ich nicht beantworten, da ich nicht Vladimir Nabokov bin, sondern sein Vetter Nicolas.

JUNGREPORTER *(kramt verzweifelt in seinen Notizen)*: Aber gesetzt den Fall, dass Sie dieses Buch geschrieben haben möchten, würden Sie sagen, dass er verboten hätte werden sollen?

NICOLAS NABOKOV *(nervös)*: Für Hypotheken, ich meine Hypothetisches, ist unser Kongress nicht zuständig.

JUNGREPORTER: Jedoch wie man hört, ist sogar der kleine Prinz in Paris eingetroffen, um mit Lolita selbst ein Gespräch darüber zu führen.

NICOLAS NABOKOV: Ich sehe nicht, was diese Figur mit der Freiheit der Natur… ich meine Kultur… also was diese Kultfigur der Literatur… *(Er verhaspelt sich.)*

REPORTER DER LINKSLASTIGEN ‚HUMANITÉ': Mit anderen Worten, dieser sogenannte Freiheitskongress steht für ein staatliches Verbot von Werken, die in der Sowjetunion ohne jedes Hindernis…

REPORTER DES RECHTSLASTIGEN ‚FIGARO' *(aufspringend)*: Ist Ihnen klar, dass selbst General de Gaulle sich mit aller Schärfe gegen eine Pestflut ausgesprochen hat, welche die Grundfesten der französischen Nation…

AUTOR ALFRED DÖBLIN *(nicht mehr der von ‚Berlin Alexanderplatz', sondern jetzt geläutert)*: Ich möchte darauf hinweisen, dass solche Machwerke ein Schlag ins Antlitz des abendländischen Menschen sind. Nur über die Heiligung des Geistes tritt man ein durch das goldene Tor in ...

AUTOR LOUIS ARAGON, HERAUSGEBER DER KRYPTO-KOMMUNISTISCHEN ‚LETTRES FRANÇAISES‘: Und überhaupt Freiheit – wo ist denn die Kultur freier als in der USSR? Man braucht bloß zu schreiben, was das Zentralkomitee vorschreibt, und man bleibt frei! *(Allgemeine Unruhe.)*

VORSITZENDER: Aber meine Herren, meine Herren!

REPORTERIN DES MAGAZINS ‚ELLE‘: Wieso wenden Sie sich eigentlich nur an die Herren? Bezieht sich bei Ihnen die Freiheit der Kultur etwa bloß auf die männlichen Kulturträger? *(Rufe: „Emanzen raus. Commies raus!“ etc. Tumult.)*

JUNGREPORTER *(zu seinem Team)*: Wir hauen ab ins Raphael.

KAMERAMANN: Haben wir denn ausnahmsweise Dreherlaubnis?

JUNGREPORTER: Ich spreche mit dem Barmann. Wie viel Handkasse bleibt uns noch?

Bar des Hotels Raphael. Am Tresen Lolita im Teenie-Fummel, mit weißbraunen ‚saddle shoes‘, weißen Söckchen, Hotpants und einem enganliegenden Pulli, der ihre nichtvorhandenen Brüste hervorhebt. Herz-förmige rosa Sonnenbrille. Sie saugt per Strohhalm an einem gigantischen Gin-Tonic und liest gleichzeitig den Comic ‚Teenage lust‘. Im Hintergrund Vladimir

Nabokov, gehüllt in eine weite Pelerine und eisiges Schweigen, die Lippen vor Menschenverachtung zusammengeklemmt. Lolita ist von diversen Mitgliedern des Kongresses für kulturelle Freiheit umlagert, auch von Journalisten sowie Fans des verbotenen Romans.

JUNGREPORTER *(eintreffend)*: Ich glaube, das ist sie.

KAMERAMANN: Die? Also da wundert man sich doch, was dieser Humbert Humbert an ihr gefunden haben soll, oder wie er heißt.

JUNGREPORTER: Pardon, sind Sie Mademoiselle Lolita?

LOLITA: Lollo, Lottelitta, Lolittchen, Lolittle, Dolores, Dolly, Lo-and-behold... wie immer Sie wünschen. Ich bin stets das, worauf man bei mir scharf ist.

VLADIMIR *(beiseite)*: Bravo, Lo! La philosophie au boudoir!

JUNGREPORTER *(zu Vladimir)*: Herr Nabokov, könnten Sie in wenigen Worten Lolita für uns definieren?

VLADIMIR: Lolita ist eine periskopische Allegorie, die so wenig mit transluzider Pornografie zu tun hat wie etwa Birnen mit Äpfeln, so dass ich alles dazu beitragen werde, um diese unstatthafte Indizierung zu stornieren, insofern ja dieser feurigen Phantasmagorie eine Perfektion innewohnt, die, da nur von mir, und zwar grundsätzlich, wenn auch nicht umwegs, sondern nur gegebenenfalls, je nachdem, aber doch geschaut, verspürt und verarbeitet, dennoch von einer Makellosigkeit, welche im Großen und Ganzen, jedoch auch im ganz Allgemeinen, weil diese Vollkommenheit ja nicht von irdischer Beschränktheit, ja von geradzu unirdischer Bezugsmöglichkeit, und ohne Inanspruchnahme eines freudianischen Voodoo, insofern als der Hauptreiz des Unreifen für mich, aber ja auch nicht nur für mich, sonst hätte diese bescheidene Historie nicht so viel Solidarität, und das in allen Ländern, um nicht zu sagen Erdteilen, zu bestehen sich herauszunehmen zu wünschen gehabt, so dass dieses junge Feenkind ja doch den Spalt, was sage ich, den Abgrund zwischen dem wenigen Gegebenen und dem vielen Verbürgten und Versprochenen der Situation zu füllen fähig, ja imstande gewesen hätte sein dürfen, können und müssen. Ich denke, das wird die Sache klarstellen.

Der Portier kommt und flüstert dem Jungreporter etwas zu.

JUNGREPORTER: Ein kleiner Monsieur? Mit Hund?

PORTIER: Gehören wohl zu Ihnen? Hunde sind ja normalerweise hier verboten. Wie auch Kameras.

JUNGREPORTER *(reicht ihm einen Schein)*: Und wie steht das mit Füchsen?

PORTIER *(lässt den Schein verschwinden)*: Kein Hund? Dann geht das ja wohl in Ordnung.

Der kleine Prinz tritt mit seinem Fuchs ein. Allgemeine Überraschung, die meisten Anwesenden sind aber schon zu vollgetankt, um sich sehr zu verwundern.

LOLITA: Wow! Der kleine Prinz! Meine Lieblingsfigur! *(Zu Vladimir)* Warum hab ich nicht den gekriegt, statt diesem doofen Humbert? *(Zum Prinzen)* Wissen Sie übrigens, dass der Humbert zuerst Arthur hieß, in der Ur-Lolita sozusagen. Einfach Arthur. Nicht gerade sensationell, eh, Vlad? Und ich bin dort eine Pariser Mademoiselle, oui, Monsieur. Und der Arthur, der schmeißt sich zum Schluss unter 'nen Lastwagen, Ende der Fahnenstange. Jugendliche Autoren lieben tragische Pointen. Später gibt sich das dann. *(Zum Barmann)* Darling, noch mal dasselbe! Aber nicht so verdünnt! Und wissen Sie, was der ursprüngliche Anlass zu der Story war? Ein Affe! Sagt er wenigstens, der Vlad. Da hat doch so'n verrückter Wissenschaftler einem Affen im Jardin des Plantes, gar nicht weit von hier, hat ihm also im Zoo das Malen beigebracht. Und erraten Sie, was das Erste war, das der gemalt hat? Die Gitterstäbe von seinem Käfig! Daraus ist dann der Arthur entstanden, sagt er. Und daraus wieder der Humbert. Gitter im Käfig, c'est moi! Kein berühmtes Kompliment, eh, Vlad? Wissen Sie, dass der kein Auto fahren kann, der Vladimir, muss immer Taxi nehmen. Wo doch der halbe Roman auf dem Highway spielt.

ARTHUR KOESTLER *(mit Budapester Charme)*: Lolita! Angebetete meines Herzens! Nehmen Sie ein Taxi mit mir! Ich tu es so gern im Taxi!

BERTOLT BRECHT *(dicke Zigarre, Schlägermütze)*: Komm, Mädchen, lass dich stopfen, das ist für dich gesund. Den dritten Vers reime ich prinzipiell nicht, da in der kapitalistischen Gesellschaft für

Reime nichts mehr bezahlt wird. Hingegen lautet der vierte Vers: Dein Bauch wird kugelrund. Toll, was? Dafür darfst du anschließend unter meinem Namen ein Stück für mich schreiben.

LOLITA: Warum heißt ihr eigentlich Ensemble? Das ist doch französisch?

BRECHT: Ich bin eben mit allen meinen Schauspielerinnen ensemble, darum.

FRANZÖSISCHER REPORTER: Mademoiselle Lolita, sagen Sie etwas auf Französisch zu uns, bitte.

LOLITA: Amorette – Kokette – Toilette – Minette …

JUNGREPORTER *(setzt zum großen Interview an)*: Mademoiselle Lolita, darf man zuerst etwas über Ihre Vorfahren hören?

LOLITA: Mais naturellement. Meine Ur-Oma hieß Lola Montez, meine Oma Lulu und meine Mama Lola Lola. Zufrieden?

JUNGREPORTER *(wedelt mit der Handfläche vor der Optik)*: Die letzte Frage streichen. Ist zu historisch. Junge Zuschauer kennen Namen nicht mehr.

LOLITA: Kinder, wisst ihr nicht irgendein Lokal, wo man gemütlich zusammensitzen kann, anstatt dieser Bahnhofshalle? *(Zum Prinzen)* Sie sind doch von hier? Irgendwas mit Chansons.

FUCHS *(sich aufspielend)*: Klarer Fall! ‚Chez Pomme‘ am Montmartre. *(Leise zum Prinzen)* Auf diese Art kriegen wir schließlich auch noch einen Apfel in die Story.

PRINZ *(leise zum Fuchs)*: Woher kennst denn du Lokale?

FUCHS: Woher wohl? Aus dem ‚Pariser Journal‘, was sonst.

‚Chez Pomme‘ am Montmartre. Pomme, eine lebens-
erfahrene Dame mittleren Alters, singt ein Chanson, in
dessen Refrain sich ‚amour‘ mit ‚toujours‘ reimt. Jung-
reporter filmt eifrig mit.

LOLITA *(aufgeräumt zum Prinzen)*: Und wissen Sie was, Hoheit? Die ganze Zeit, während dieser Humbert sich an mir die Zähne ausbiss, war ich scharf auf *ihn*!

PRINZ: Auf wen?

LOLITA: Na, auf wen meinen Sie? Auf *ihn*! Der mich gemacht hat.

PRINZ: Sie sprechen vom Autor?

LOLITA: Was denn sonst? Ach, du glaubst, es sind nur die Herren und Damen Autoren auf ihre Figuren versessen? Auf ihre Romeos und Alices und Tadzios? Und nicht auch die Figuren auf ihre Schöpfer? Gegenübertragung heißt das doch, in dem Freudianischen Voodoo, das er so bescheuert findet, der Vlad. Und da wir gerade von Vlad reden, weißt du überhaupt, wer das ist?

FUCHS: Klar. Steht in jedem Nachschlagewerk. Vladimir Sirin Nabokov, geboren 1899 in Sankt Petersburg. Nach der Revolution emigriert nach Berlin, dann nach Paris, dann nach Amerika. Schrieb zuerst russisch, dann deutsch, dann französisch, dann englisch…

PRINZ: Aber du wolltest ja etwas anderes sagen.

163

LOLITA: Richtig, mein Prinz. Köppchen vollsatt, gratuliere. Was ich sagen wollte: Da gab's doch diese Fürsten Vlad in ... na, du weißt schon. In Transsylvanien. Dracula, exakt. Damit kriegst du natürlich jede rum. Blut aussaugen an der Halsschlagader, ich bitte dich, wer träumt nicht davon, ich mein, welcher Teenie? Prä-pub, pub und post-pub? Später gibt man dann keinen lausigen Quarter mehr dafür.

PRINZ: Und was will man dann?

LOLITA: Du meinst, wenn man in die Jahre kommt, also so 17, 18? Ich werd's dir sagen. Aber das bleibt unter uns, ja? Also: das Geschöpf von ihm sein, aber doch alle Welt glauben machen, dass man's alleine geschafft hat, ja? Aus sich raus. Wie diese Dackelballons, wo man aufbläst, nicht wahr. Ganz verschrumpelt sind die am Anfang, nicht, und werden dann immer größer, immer dackeliger. Die Form war immer schon da, die eigene, verstehst du?

PRINZ: Aber will man denn lebenslang Dackel bleiben?

LOLITA: Ja, manchmal hat man eben Glück, und es wird aus dem Dackel ein Tiger. Oder eine Sonnenblume. Aber der, der reinbläst, auf den kommt's an, auf den ist man dann voll scharf. Und der darf auch ruhig an die Halsschlagader ran, wenn's ihm schmeckt, klar?

PRINZ: Ist er aber nicht?

LOLITA: Ist er aber nicht, der Vlad. Der musste ja

seine Schmetterlinge sammeln, gemeinsam mit der Missus, der Vera. So'ne Art Symbiopsie oder wie das heißt. Treu bis in den Tod. Und Kinderwagen schieben mit seinem kleinen Babysohn. Kennst du die Stelle, wo er begeistert diesen metallischen Klick beschreibt, wenn der Kinderwagen an den Bordstein prallt? Das kann nur der Vlad. Der Geschmack des Lebens! Der Gusto. Das Aroma. Alles wie zum ersten Mal. Oder zum letzten, bevor man sich aufhängt. Das war sein Blick. War gar nicht so into Sex oder Porno, oder was man ihm da alles in die Schuhe schiebt.

PRINZ: Aber doch reichlich Sadismus?

LOLITA: Na ja, sicher, den bringe ich ja zur Weißglut, diesen geilen Humbert. Aber eben auch zum Glühen! Aus dem hole ich ja das eine Stück Unsterblichkeit heraus, das in ihm steckt.

PRINZ: Weil er sich an dich verliert?

LOLITA: Weil da eben diese Gier ist nach mir, dem Nymphchen. Anstatt zu sich selber. Das ist doch was!

PRINZ: Und du bringst ihn fast um dabei.

LOLITA: Aber er will das ja, im Geheimen. Er spürt ja, dass das seine einzige Chance ist, rauszukommen aus der toten Hose.

PRINZ: Warum liebt man eigentlich die eine Frau, und nicht eine andere?

LOLITA: Das geht eben ganz tief in die Kindheit zurück, die ersten erotischen Gefühle. Ich zum Beispiel bin bestimmt nicht der Typ, auf den du je abfahren wirst, mein kleiner Prinz. Was du suchst wird immer so was sein wie diese spröde Blume, aus dem Buch von deinem Papa. Ich bin nur für deine Fragen gut.

PRINZ: Und warum liebt man überhaupt?

LOLITA: Klasse! Das ist die beste Frage von allen. Ja, warum? Ich denke mir das so: Liebe macht uns doch schwach, nicht wahr. So ein Humbert ist unschlagbare Spitze, was Schwäche betrifft. So, und dann? Dann muss diese Schwäche eben, will man überleben, ausgeglichen werden, kompensiert werden zur Stärke. Stärke aus Schwäche, das ist unsere Lebensenergie, vom Babyalter an, wenn du das schnallst. Der Umlauferhitzer unserer Seele, oder wie du das nennen willst. Und der führt eben wieder zur Liebe.

PRINZ: Und der Humbert, dem hat er das mitgegeben?

LOLITA: Exactement. Natürlich macht er sich lustig über diesen Grufti, unser Vlad. Kann ihn gar nicht genug verarschen. Aber der Humbert, der ist trotzdem auch er selber, nicht wahr? Sein Double. Voll ausgeliefert! Aber voll da!

Pomme singt jetzt ein Chanson von der Piaf, vielleicht ,Mylord': ,Lachen Sie, Mylord. Aber Sie weinen ja.' Lolita summt mit.

PRINZ: Du meinst, er war dir ausgeliefert, der Vladimir?

LOLITA: Sicher. Seiner Kreatur. Seiner Hampelfrau.

Seiner kleinen Konkubine. Er war eben mein – wie heißt er – Pygmalium. Hast du gelesen, wie er meine Achselhöhlen beschreibt? Oder wie ich einen Apfel hochwerfe und er landet mit ‚poliertem Plop‘ in meinen Händen. „Und sie biss hinein, und mein Herz war wie schmelzender Schnee", usw. Die Sätze selbstredend reichlich länger, kurze Sätze à la Hemingway waren ja seine besondere Bête Noire, zusammen mit dem ‚Wiener Voodoo‘. Natürlich ist das Ganze auch 'ne Parodie, und wenn schon. Die Parodie ist ja eng verschwistert mit der Poesie, oder?

PRINZ: Das verstehe ich nicht. Die Parodie, die Persiflage, das ist doch, wenn einem die Gefühle ausgehen, nicht wahr?

LOLITA: Oder wenn sie einem zu sehr wehtun, und man sich wehren muss gegen sie. Oder auch spielen will mit ihnen. Oder beides. Jetzt hast du was dazugelernt, ha? Aber willst du wissen, was wirklich dahinter steckt, hinter diesem permanenten Scharfsein von dem Humbert, und der Anmache dieser Lolita? Das war doch seine Art, sich die Amerikaner Untertan zu machen, mitsamt denen ihrer Sprache, ja?

PRINZ: Er hat sie nicht mögen?

LOLITA: Der war doch im Sprachexil, der Vlad, nee? Und er war doch auch irgendwie sprachverbuhlt, nee? Hat die russische Sprache geliebt wie 'ne Mutter, und 'ne Mutter liebt man nur einmal, oder? Das Übrige war dann nur mehr Eroberung, Raubzug fremden Gutes. Englisch, aber auf naboksch! Und der Humbert mit seiner ‚Donau-Abstammung', Jesus, was immer das bedeutet, also der Europäer, der korrumpiert den typischen amerikanischen Teenager, nicht wahr. Ein Rachefeldzug, ein Blutgericht. Und der Teenie rächt sich am Ende, das ist eben die Bosheit, die Parodie. Indem diese Dolly, wie ich mich jetzt nenne, ganz vulgär irgend 'nen Idioten heiratet und schwanger wird. Das unerreichbare Ideal mutiert zur Mum und Housewife! Und er, der Vlad, der lacht sich da drüber ins Fäustchen. Der vergießt Tränen vor Lachen, damit er sie nicht vor Weinen vergießen muss. Auch am Friedhof gibt's Bananenschalen zum Ausrutschen, klar? So läuft das, Mylord, mein kleiner Prinz.

PRINZ: Warum zeigt er aber nie seine Gefühle, der Erzähler, mit seinem ewigen überheblichen Grinsen? Was bringt ihm das?

LOLITA: Das ist eben sein Stolz. Sankt Petersburg, die aristokratische Abstammung, die vielen Sprachen, das Superhirn. Man friert, wenn man ihn nur anschaut, den Vlad. Dieser Snobismus, dieses Olympiertum. Wahrscheinlich hat er deswegen sein Buch der Olympia-Press gegeben, dem Pariser Porno-Verlag, weil er irrtümlich dachte, die sind was Höheres. Und nu das Verbot, hinter dem ja die prüde Madame de Gaulle stecken soll. Vergiss es. Und er mit seinem Bajazzo-Lachen, das einem das Herz abdrückt. Denn der Mann leidet ja, auch wenn er so perfekt den Leidenden spielt. Er mit seinen Sprüchen: „Ich bin der einzige freie Geist in einer Welt voller Götter". Von wegen.

PRINZ *(zieht an seiner Haarsträhne)*: Also er glaubt im Grunde an diese Götter?

LOLITA: Aber natürlich glaubt er daran, im Allertiefsten, aber er darf es eben nicht zugeben. Das ist nun mal die Maske, die er zu tragen hat. Wie die meisten von uns.

Pomme singt jetzt ein Chanson von Gilbert Bécaud: ,Der kleine Prinz kehrt wieder'.

LOLITA: Ihr Song, mein Herr Prinz! Von Gilbert Bécaud! Monsieur 100.000 Volt! Kennen Sie dem seinen Satz: „Alles ist Eros, ein einziges Angezogensein und dann wieder Abgestoßenwerden. Keine Errungenschaft, die es wert wäre, dass man diesen Strom einengt. Wer das nicht fühlt, ist tot." Nu, der war nie tot, der Vlad. Der lebt danach. Deswegen hat der mich auch so lebendig gemacht. Nicht sympathisch, darauf kommt's gar nicht an. Und manchmal eher doof, mit meinem Gesülze. Aber endlos neugierig. Scharf auf Leben. Und jenseits aller Moral. Die Sehnsüchte. Die Begierden. Die Jagd nach Leben. Die Dinge des Lebens, die Geschenke des Lebens, volle Pulle, auch die vergrätzten, die mistigen, alles, alles. Suchen wollen, wissen wollen, aber am meisten *sein* wollen! Das Dasein von den Menschen, jedes Einzelnen, so herzzerbrechend großartig, so einzigartig. Da will man hingehören, kleiner Prinz, und wenn's noch so wehtut. Und

wenn man dabei erwachsen wird! Und alt wird!
Und vergessen wird! Aber es lohnt! Es lohnt!

Und während nun ihr Lokal, zusammen mit dem
schönsten Teil des Montmartre und Quartier Latin,
allmählich unter der Spitzhacke verschwindet, singt
Pomme für den Prinzen, für uns und für die Kamera
des Jungreporters, ein letztes Chanson: Über den
Strom, der Paris durchfließt, mit seinen Liebenden und
dem dazugehörigen Anklang an Vergänglichkeit. Und
das sie ihrem ehemaligen Kumpan gewidmet hat, dem
Wahlpariser Ezra Pund, das aber jeden von uns be-
treffen könnte, mit seinen Hoffnungen und seinem un-
vermeidlichen Bedauern.

POMME:

Lass fahren, Poet, deinen Fluch, dein Gebet,
lass fahren die Reu, die dich frisst.
Die Nacht ist vorbei und der Wind läuft an,
und Paris ist der Strom, und du bist nur der
    Kahn,
und Paris ist die Stadt, die vergisst.

Und François Villon in der Rue du Dragon,
vom Henker zum Himmel gehisst.
Er lachte noch einmal mit brechendem Blick,
doch Paris war der Galgen, und er war der Strick,
und Paris ist die Stadt, die vergisst.

Und Joseph Roth, der sich trank zu Tod,
kein Jude und auch kein Christ.
Er hätt sich so gern eine Heimat geschafft,
doch Paris war die Buddel, und er war der Saft,
und Paris ist die Stadt, die vergisst.

Was bleibt ist der Wind und der Regen, der rinnt
und drei Verse, in denen du bist.
Doch zerstört ist das Haus, wo dein Name stand,
Das Lateinische Viertel verbaut und verbrannt,
denn Paris ist die Straße und du der Passant,
und Paris ist die Stadt, die vergisst.

Das Ende

Asteroid B 612. Der kleine Prinz samt seinem Fuchs landen mit einem Vogelzug. Im Hintergrund das Raumschiff.

PRINZ:

Vieles hab ich gesehen und allerhand Sterne
 besichtigt,
viele junge Menschen gekannt, bald fröhlich bald
 trauernd,
manchen Herzton gehört und einiges innig
 begriffen.
Jeder bleibt doch sein eigner Planet, und jeder
 hofft stetig,
ihn voll auszuschreiten und seinen Knäul zu
 entwirren
trotz der Gefahr. Doch bleibt jeder zuletzt sich
 ein Rätsel.
Aber ist nicht gerade das unsre Stärke und Größe,
diese Sucht nach Wahrheit – nein mehr, nach
 Eigengestaltung.
Wachsen heißt, lebend bleiben und offen den
 Chancen des Daseins.
Doch auch zurückzurufen, was man als Kind
 schon gewusst hat.
*Die beiden sind nun bei dem Raumschiff angelangt,
an dem der Pilot ihnen entgegensieht.*

PILOT *(hält seine ausgestreckten Hände über den Prinzen)*: So schenk ich uns das Beste, das uns vom Schicksal geboten: Kind zu bleiben als Große, sei's als Prinzen, sei's als Piloten.

PRINZ: Guten Tag, Papa. Hast du dich nach uns gesehnt?

PILOT: Ich habe auch mit der Blume über euch gesprochen. Das hilft.

FUCHS: Es ist gut, Sie wiederzusehen, mon Capitaine. Wenn ich auch nicht sicher bin, ob mein Humor Ihnen immer behagt hätte.

PILOT: Nun, was habt ihr erfahren?

FUCHS: Wahrscheinlich auch nicht mehr, als Sie ohnehin schon wussten, Monsieur der Pilot.

PILOT: Sonst hätte ich euch ja gar nicht zeichnen können, damals, meinst du das?

PRINZ: Wissen denn Kinder nie mehr als ihre Erschaffer, Papa?

PILOT: Du hast recht. Wie langweilig, wenn ihr uns nicht von Zeit zu Zeit überraschen würdet! Das zeigt uns ja auch, was alles in euch Kerlen steckt. Und in uns!

PRINZ: Auch alle diese Figuren, die wir trafen, haben am Ende einiges Neues kapiert. Immer ging es um den Apfel der Erkenntnis, des Begreifens. Aber richtig aufgegessen hat ihn keiner.

PILOT: Das hieße ja, seinen Tod vorauszuwissen. Und wer kann damit leben? *(Er beginnt wieder, an dem Raumschiff zu hantieren)* Ist es denn interessanter auf den anderen Sternen als hier?

FUCHS *(angeberisch)*: Na ja, wenigstens aufregender. Dauernd was los. Da war einer mit diesem Wolf, der in einem fort ‚grr' machte. Natürlich hab ich ihm gleich gezeigt, wo's langgeht.

PILOT: Und jetzt seid ihr unzufrieden, weil's euch anderswo besser gefällt als hier?

PRINZ: Ich verstehe dich nicht, Papa. Warum soll man unzufrieden sein, wenn es anderen Leuten gut geht. Da freut man sich doch.

PILOT: Tausendmal pardon. Ich verwechsle eben immer noch euren Stern mit der Erde. Aber jetzt sagt mir: Habt ihr gute Fragen gestellt?

PRINZ *(nachdenklich)*: Nur ist das so eine Sache mit den Fragen: Sie nähern ja an, aber schaffen auch Distanz. Man nimmt Anteil, wird aber nicht Teil davon. Man lernt kennen, aber es bleibt bei Bekanntschaft. Man erfährt etwas, aber es wird nicht deine Erfahrung.

PILOT *(grinst)*: Erinnert mich an diese Presseleute, die ich immer ins Café bestellte, die aber regelmäßig in meine Wohnung drängten. Gab ihnen wahrscheinlich das Gefühl, mein Leben zu teilen.

FUCHS: Oder auch zu führen?

PILOT: Oder auch zu führen, mein schlauer Fuchs. *(Zum Prinzen)* Das ist ja der geheime Zweck solcher Befragungen: dass sie Infragestellungen sind. Nämlich am Ende des Fragestellers selber. Der ja in der Regel darauf aus ist, sich das Leben des Befragten anzueignen. Es zu fressen. Es zu seiner eigenen Stärkung zu vereinnahmen. *(Lacht)* Kannibalismus, habe ich das schon mal genannt.

PRINZ: Also letztlich, um nicht mehr vor der Tür zu stehen, sondern an der Mahlzeit teilzunehmen.

PILOT: Exakt. Weil es nämlich immer tausend gute Gründe gibt, um draußen zu bleiben. Sich zu drücken. Weise über den Dingen zu stehen. Aber nur einen Grund, sich kopfüber hineinzustürzen: das man die Begierde danach verspürt. Wie oft man dabei auf die Schnauze fällt, ist bekannt, könntet ihr auch aus meinem Leben lernen. Aber am Ende zählt doch nur das.

PRINZ *(zieht wieder einmal an seiner Haarsträhne)*: Und jetzt soll ich mich also entscheiden?

PILOT *(lacht)*: ‚Petit prince‘ oder ‚petit bonhomme‘? Prinz oder Menschlein? Deine Blume trösten, deine Sonnenuntergänge melancholisch betrachten. Oder werden wie wir, mit aller Lust und aller Reue… Was hat euch denn am meisten beeindruckt bei den Figuren, die ihr da getroffen habt?

PRINZ: Es ist schwer zusammenzufassen, da ja keiner dem andern gleicht. Aber eine Sache haben wir überall herausgespürt: Diesen Wunsch, sich etwas anderem anzuverwandeln, Mensch oder Idee. Diesen Drang zur Selbsterneuerung, Selbstumarbeitung. Sich als ein Neuer auszuprobieren. Im Grund glauben sie alle an Alchemie, an die chemische Transformation ihres Selbst. Und solang sie daran glauben, kann es auch passieren, meine ich.

PILOT: Ich sehe, du hast zugelernt. Aber wir waren da

bei etwas anderem? Richtig, bei der Blume. Ich habe sie ja doch mehrmals besucht. Sie ist noch immer sehr attraktiv. Aber sie ist auch eine stolze Blume. *(Lacht wehmütig)* Und besonders stolz auf ihre Dornen! *(Er betrachtet sein Werk und legt den Schraubenschlüssel beiseite.)*

PRINZ: Stimmt es denn, dass auf der Erde Krieg herrscht?

PILOT: Ja, mein Kleiner. Und der furchtbarste Krieg, den es je gab. Wenn wir nicht aufpassen, dann wird auch dieses Raumschiff zu einer Kampfwaffe werden.

PRINZ: Kannst du es nicht verhindern?

PILOT *(schüttelt den Kopf)*: Ich bin Flieger. Und Techniker. *(Sententiös)* Und als solcher ein Teil von jener Kraft, die meist das Gute will, doch oft das Böse schafft. Nun glaube ich ja nicht daran, dass die Menschheit sich von Natur weiterentwickelt. Ihr Wissensstand wächst. Nur dass jedes neue Wissen neues gefährliches Unwissen heraufbringt, von dem man noch nichts wusste. Dann ist für unsereinen die einzige Lösung, sein Leben für etwas zu riskieren, das größer ist als man selber.

PRINZ: Darum gehst du jetzt wieder hin, Papa?

PILOT: Ja, ich habe nur auf eure Rückkunft gewartet. Ich tue es auch für die Kameraden, oder was noch von ihnen übrig bleibt. Und ich möchte bis zum Ende dabei sein, um nachher reden zu dürfen. Aber das kann ich nur als Teilnehmer, nicht als Tourist.

PRINZ: Und ich, könnte ich nicht mit dir? Als blinder Passagier sozusagen?

PILOT: Mit mir? In diesen Krieg? *(Er schüttelt den Kopf.)*

SPRECHFUNK *(meldet sich)*: Hallo, mon Capitaine? Sind Sie so weit? Wann können wir mit dem Countdown beginnen?

PILOT: Noch nicht. Ich muss mich erst verabschieden.

FUNK: Die kurzen Abschiede sind immer die besten, Saint-Ex.

PRINZ: Und was, wenn du… wenn du nicht überlebst, Papa?

PILOT: Meinst du, man befasst sich nicht damit? Aber ich hoffe, ich werde mich vorher gut schlagen. Denn um sich gut zu schlagen, muss die Bedeutung des Todes gleichgewichtig sein mit dem Tod selber. Und jetzt lasst mich gehen, ihr zwei.

FUNK: Hallo, Saint-Ex? Hier noch eine Durchsage, bevor Sie starten. Ihre Aufklärerstaffel ist jetzt auf Korsika stationiert, und von den Amerikanern mit den neuen P-38 Lightning ausgerüstet. Sind Sie darüber im Bilde?

PILOT: Affirmativ.

FUNK: Dieses Jagdflugzeug ist aber sehr schwierig zu handhaben und nicht für alle Piloten freigegeben. Ich wiederhole: Die Lightning ist nicht für alle Piloten freigestellt, verstehen Sie? Die Amis haben eine Sperre verhängt.

PILOT: Was denn für Sperre?

FUNK: Für Piloten über 33 Jahre. Ältere schaffen den komplexen Steuerungsmechanismus nicht mehr, heißt es. Frage: Was ist ihr Alter, Capitaine?

PILOT: Was weiß ich? 44.

FUNK: Aha. Ich wiederhole: Sperre ab 33. Übrigens muss ich Ihnen sagen ...

PILOT: Was denn noch?

FUNK: Der gesamte Funkverkehr mit der Basis findet von nun an auf Englisch statt. Das betrifft auch die freifranzösischen Verbände. Haben Sie mich verstanden?

PILOT: Affirmativ. Aber was zum Teufel ...

FUNK: Ich denke, Capitaine, Sie werden sich auf Bodendienst umstellen müssen. Ist auch ganz anregend.

PILOT *(explodiert)*: Ich werde fliegen, verlassen Sie sich darauf! Ich werde fliegen! *(Er wirft den Hörer hin.)*

FUNK: Hallo, Capitaine? Sind Sie noch da? Wir beginnen jetzt mit dem Countdown.

PILOT *(zum Prinzen)*: Ja, mein kleiner Prinz, ich fliege nun zurück auf diese Erde, von der niemand weiß, ob sie nicht daran ist, sich selbst in die Luft zu sprengen. Und ich halte es nicht für ausgeschlossen, falls ich so lange lebe, dass ich unwillkürlich dazu beitragen werde ... Und du, mein kleiner Kerl, jetzt ist es auch an dir, dich zu entscheiden. Leider die Art Wahl, bei der dir keiner helfen kann, sogar ich nicht. Aber falls du zur Erde willst, und es herrscht wieder Frieden, so komm mich doch noch einmal besuchen, ja, kleiner Mann? Mit einem Vogelzug vielleicht. Und inzwischen grüß mir deine Blume. Sag ihr ... sag ihr, für mich wird sie immer eine Rose bleiben, denn ich sehe sie mit den Augen der Erinnerung. Und sag ihr, es ist wie sonst: Ich habe einen Einsatz.

PRINZ: Ich weiß. Nach Timbuktu.

PILOT: Oder irgendwo in der Nähe. Überall ist Timbuktu, wenn man mit seinem Leben spielt. Einmal Bruchpilot, immer Bruchpilot, was? Nur dass es diesmal vielleicht wieder im Wasser sein wird, mein Kleiner. *(Er wendet sich zur Eingangsklappe der Raumkapsel, zitiert)* „Adieu, Kameraden! Ein Gebet für mich! Auf die Gnade Gottes!" *(Er lacht)* Altersgrenze 33. Durchsagen nur auf Englisch. Welch ein göttlicher Witz!

FUNK: Zündung, Capitaine? Zündung, Saint-Ex?

PILOT: Bereit zur Zündung. *(Er kleidet sich in den Raumanzug. Enormer Lärm der Zündung.)*

PRINZ *(über den Lärm)*: Ich komme dich besuchen! Ich komme dich besuchen! Verstehst du mich, Papa?

PILOT: Affirmativ. Nur fragt sich, ob uns am Ende noch die Zeit bleibt. *(Singt laut)* Vor mir steht der dunkle Posten schauerlich und schildbewehrt. Und ich seh die Schattenstraße, von der keiner wiederkehrt. *(Er winkt noch einmal und verschwindet im Innern.)*

PRINZ *(ihm nachrufend)*: Es gibt kein Ende! Es gibt kein Ende!

FUNK: Lift-off!

Das Raumschiff erstrahlt im unheimlichen Schein der gezündeten Rakete. Es hebt vertikal ab. Der kleine Prinz und der Fuchs blicken ihm nach.

FUCHS: Nun hat er doch noch seinen Schraubenschlüssel vergessen. Ob er ihn je wieder braucht? Wer weiß ... *(Zum Prinzen)* Und du, was wirst du jetzt anfangen?

PRINZ *(nimmt den Schraubenschlüssel auf, betrachtet ihn nachdenklich)*: Ich glaube ja nicht, dass der Pilot damit je irgendetwas an seinem Raumschiff bewerkstelligt hat.

FUCHS: Er wollte sich halt nur beweisen, dass der Einzelne noch Macht hat über die Maschinerie.

PRINZ *steckt mit Entschluss den Schraubenschlüssel zu sich.*

FUCHS: Du denkst daran, ihm das wiederzubringen? Meinst du denn, dass du ihn noch einmal siehst?

PRINZ: Wenn er den Krieg überlebt. Aber wer soll das wissen?

FUCHS *(traurig)*: Und jetzt willst du uns also verlassen, mich und deine schwierige Blume?

PRINZ *(winkt einem Vogelzug zu, der eben vorüberströmt)*: Aber ihr lebt ja weiter, so wie der Pilot euch gezeichnet hat.

FUCHS: Und auch du hast uns beschrieben.

PRINZ: Ja, auch ich. So gut ich eben konnte, mein langohriger Fuchs. *(Ruft winkend)* Vogelzug! Vogelzug!

Der Vogelzug wendet mit einer Kurve, fliegt auf den

kleinen Prinzen zu und beginnt zu landen. Das Bild friert ein, und nach einem Augenblick tritt der Fuchs in den Vordergrund.

FUCHS: Ja, wie Sie sehen, hat mein kleiner Prinz diesen Vogelflug auf die Erde wirklich angetreten. Vieles hat er dort erlebt und, so glaube ich, auch die Liebe kennengelernt, oder was die Menschen dafür halten. Aber den Piloten hat er doch nicht wiedergefunden, falls Sie das interessiert. Nicht dass der Prinz – nunmehr erwachsen geworden und von den andern Menschen hauptsächlich durch seine… na, sagen wir, einen gewissen Zug von Kindlichkeit unterschieden, nicht dass er nicht eifrig recherchiert hätte nach seinem Piloten, in Timbuktu und anderswo. Allerdings soll der ja irgendwo tief im Mittelmeer verschwunden sein, sagen die Flugkameraden, aber Genaueres wissen auch sie nicht. Abgestürzt, heißt es, oder auch abgeschossen, weil er seine komplizierte Maschine nicht ausreichend im Griff hatte. Und vielleicht auch, weil er die Durchsagen seiner Basis nicht richtig verstand. Meinen Prinzen aber will man noch lange hier und dort unter den Menschen herumwandern gesehen haben, immer fragend, immer mitfühlend, immer auf der Suche… Hier endet unsere kleine Reisegeschichte, die nur leider keine allgemein gültige Moral oder Lebensregel aufweist, da ja jeder beim Erwachsenwerden seine eigene finden muss. Nur dass es welche gibt, zu denen man durchdringen kann, wollten wir aufzeigen. Manchmal, wenn der Sternenhimmel klar ist und ihr besitzt ein gutes Fernrohr, dann könnt ihr mich noch sehen auf meinem Asteroiden, samt Schaf und Blume. Ein winziger langohriger Fuchs wie eh und je, weil man ja hier nicht aufwächst. Aber immer noch Ausschau haltend nach meinem kleinen Prinzen, wie groß er jetzt auch geworden sein mag. Und ob er vielleicht doch noch einmal wiederkehrt, mit einer Raumrakete oder mit dem nächsten Vogelzug?